▼

Ahora, leamos

Second Edition

Jackie Jarest and Marsha Robinson

▲

Publisher: Stanley J. Galek
Editorial Director: A. Marisa French
Project Coordinator: Kristin Swanson
Production Supervisor: Patricia Jalbert
Assistant Editor: Erika Skantz
Production Manager: Erek Smith
Text and Cover Design: Jean Hammond
Cover Illustration: Suzette Barbier
Art Director: Len Shalansky
Text Illustration: Linda King

▲

Text permissions

"Entró y se sentó," permission granted by Rosaura Sánchez; "Papá y mamá," permission granted by Carmen Barrios; "Walking around," "Labrador," and "Al colegio," permission granted by Agencia Literaria Carmen Balcels; "La verdad detras de las dietas" and "¡Europa . . . ! ¡Sin más demoras . . . ! Viajando dentro de un presupuesto," permission granted by *Vanidades Continental*; "En España nos gusta ser genios" and "Alf, historia de un muñeco que seduce a niños y adultos," permission granted by *Cambio 16*; "Ganas de embromar," permission granted by Rosario Santos; "La gallina degollada," *Cuentos de amor, de locura y de muerte*, Editorial Lozada.

Photo permissions

AP/Wide World Photos, p. 19, 108, 123, 127; **Monkmeyer Press Photo Service** (Russel Dian) p. 111, (Mimi Forsyth) p. 32, (Hugh Rogers) p. 82, 138; **The Picture Cube,** p. 24, (J. Berndt) p. 74, (Janice Fullman) p. 68, 101; **Stock, Boston,** p. 32, 97, (Elizabeth Crews) p. 158, (Owen Franken) p. 6, (Peter Menzel) p. 11, 47, 58, 87, 150; **UPI/Bettmann Newsphotos,** p. 50; **Ulrike Welsch,** p. 155

Manufactured in the United States of America
ISBN 0-8384-1876-7
10 9 8 7 6 5 4 3 2 1

Second Edition

AHORA, LEAMOS

▼

Jackie Jarest

▼

Marsha Robinson

HH Heinle & Heinle Publishers
Boston, Massachusetts 02116, U.S.A.

Contenido
▲▲▲▲▲▲▲▲▲▲

Prefacio
▲▲▲▲▲▲▲▲▲▲▲

Ahora, leamos, Second Edition, is an intermediate reader that stresses reading, speaking, and writing skills. The text can be used alone, as a supplement to the text **Charlemos un poco,** or as a supplement to any intermediate grammar text. The readings are tied thematically to **Charlemos un poco,** but they are grammatically independent.

Ahora, leamos is appropriate for third- or fourth-year high school students as well as for college students.

Ahora, leamos has two major goals: to introduce the student to Hispanic culture through contemporary topics and issues expressed in authentic readings, and to improve the students' skills in reading, writing, and speaking.

Through the readings, students are exposed to a wide variety of topics dealing with Hispanic life. The topics include universal themes such as human relations, work, travel, politics, daily life, and entertainment. The readings, selected from popular magazines and literary collections, include short stories, poetry, essays, and articles.

Ahora, leamos distinguishes itself from many other readers by its emphasis on practicing the skills needed to read successfully *prior* to reading a selection. The Second Edition maintains a three-fold strategy:

▶ Learning and practicing new vocabulary prior to reading the selection to reduce frustration and the need to look up words;

▶ Enabling students to focus on key information through a series of anticipatory practices, allowing them to complete readings with maximum efficiency;

▶ Encouraging students to react to what they have read, not only to show understanding but also to develop and express personal opinions through both discussion and written exercises.

Ahora, leamos contains twelve chapters, each chapter corresponding to the chapter theme in **Charlemos un poco.**

The Second Edition of **Ahora, leamos** includes a preliminary chapter that presents three beginning strategies to aid students in working with what they read: using the dictionary, circumlocution, and paraphrasing. Practice with each strategy is provided.

Each of the twelve chapters of **Ahora, leamos** begins with an illustration that suggests the chapter theme, followed by questions that immediately involve the student in the theme. Students are encouraged at the beginning of each chapter to think about, or anticipate, the topics about which they will be reading. After a brief introduction, each chapter contains the following subdivisions:

▶ Juguemos con las palabras

Juguemos con las palabras is the main heading for vocabulary introduction. In **Palabras en contexto,** fifteen words from the reading selection are defined in

Spanish and used in a context that prepares the student for what he or she will be reading. Related forms of the vocabulary items are given in parentheses.

The **Palabras emparentadas** section offers practice using related forms of the vocabulary items.

Emphasis on the usefulness of cognates in comprehension is presented in **Cognados relacionados con el tema,** where cognates from the reading selections are presented. Students are encouraged to guess the meanings and then to answer questions using the cognates. Where applicable, false cognates from the readings are also highlighted.

En otras palabras has several functions: word discrimination is presented, other meanings and functions of vocabulary items are introduced, root words and prefixes are explained, etc. Brief exercises are often included to practice the points.

Para su información explains a grammar feature such as an irregular verb conjugation or mentions a pertinent fact or cultural item of importance in the reading.

Three **Pasos** follow the **Juguemos con las palabras** section.

▶ Primer paso

Primer paso includes the following:

Preparémonos para leer introduces the reading strategy for the chapter. Each strategy has been chosen to enhance the students' comprehension of the reading selection. By focusing on a strategy prior to actually reading the selection, students are likely to have a greater focus when reading. Strategies such as guessing, skimming, scanning, focusing on grammar, and making inferences are included. The reading strategies correspond to the level of difficulty of the reading.

Apliquemos la estrategia practices the strategy. In some chapters, students are encouraged to work with the strategy as they read a selection for the first time. In other chapters, a paragraph or a few lines from a text are selected to practice the strategy before reading the selection.

Anticipemos un poco includes questions in English that provoke thought prior to reading a selection. Students are often confronted with situations similar to those found in the reading and are asked how they might feel or how a person or character might react in certain circumstances.

▶ Segundo paso

Segundo paso includes the following:

Ahora, leamos introduces the chapter reading selection. Literary selections are prefaced by a paragraph about the authors, and magazine articles are prefaced by brief informative paragraphs about the sources from which the readings come.

The second edition of **Ahora, leamos** has a new feature whose goal is to aid students' reading comprehension. Depending on the length of a reading, the selections are divided into two to five sections. Each section is followed by a brief self-test so students can check their understanding of the selections as they read. The answers to the self-tests are included on the last page of the chapter.

Because **Ahora, leamos** is not a graded reader, and because all of the selections are authentic, glossing is necessary to allow students to be able to read effectively. When possible, glosses are given in Spanish.

▶ Tercer paso

Tercer paso includes the following:

Volvamos a leer encourages students to reread the chapter selection at least once. The comprehension self-tests can be corrected at this point, and it is recommended that students reread any sections that were misunderstood.

¿Comprendió Ud. la lectura? has two parts. **¿Cuánto recuerda Ud.?** checks comprehension in a more detailed manner than the brief self-tests. The practice involves either answering questions or completing sentences about the reading. **Prueba de vocabulario** re-enters the vocabulary from the **Palabras en contexto** section. Students either write sentences using the vocabulary or complete sentences using the vocabulary items.

▶ Reaccionemos

Reaccionemos has four subsections that prompt students to go beyond simply reading the selection by encouraging them to react to what they have read:

Analicemos el cuento (**artículo,** etc.) involves analysis of theme, character, tone, etc. The exercises can be done either orally (often in groups), or they can be written.

Solicitamos su opinión encourages students to express opinions based on what they have read and on how the chapter pertains to them directly or indirectly. These questions can also be completed orally or in writing.

Debate encourages group participation. Topics relating to the chapter theme are introduced, and groups defend or criticize the statements.

Temas escritos include three or four suggestions for composition, some of which ask students to express opinions based on topics included in the **Debate** section.

The text also includes a Spanish-English glossary, which includes all the active vocabulary items listed with the chapter number in which they first appear, as well as any other words from the readings and exercises that students may not know.

The second edition of **Ahora, leamos** has improved upon the formats presented in the first edition. The result is greater comprehension and confidence on the students' part in both reading and reacting to what they read.

J. J. and M. R.

▶ Desk Copy Information

Be sure to request each of the following **Charlemos un poco** components that are available free upon adoption:

Charlemos un poco, Second Edition Student Text
Order code # 18686

Ahora, leamos, Second Edition
Order code # 18767

Workbook/Laboratory Manual
Order code # 18732

Charlemos un poco Instructor's Tape
Order code # 18694

If you use the laboratory program, you will receive upon request:

Laboratory Tape Program (for purchase, order code # 18716, or on loan for duplication, order code # 18740)

Tapescript for Laboratory Tape Program
Order code # 18724

Your students will be able to purchase:

Charlemos un poco Student Text

Ahora, leamos

Workbook/Laboratory Manual

Laboratory Tape Program (Bookstores must order a minimum of ten sets.)

For more information, call the Heinle & Heinle toll-free number (1-800-237-0053) or write to Heinle & Heinle Publishers, 20 Park Plaza, Boston, MA 02116.

▶ Acknowledgments

We would like to acknowledge the following people who worked on the second edition of **Ahora, leamos:** our copyeditor, Jane Wall-Meinike; our proofreaders, Camilla Ayers and Joyce Goldenstern; our designer, Jean Hammond; and our illustrator, Linda King. We would also like to thank the following reviewers for their suggestions: Rose Marie Benya, *East Central Oklahoma State University*; Becky McCann, *Phillips Academy*; Leslie Schrier, *Iowa State University*; John Turner, *Bowdoin College*; and Beth Wellington, *Simmons College*.

Special thanks go to Kris Swanson and A. Marisa French for offering stimulating ideas, constructive criticism, and shoulders for support.

J. J. and M. R.

Each chapter in **Ahora, leamos** presents a strategy to help you understand the selections better as you read. You will also be discussing and writing about the readings. The following strategies will help you in both talking and writing about the selections that you read.

▼
Preparémonos para escribir
▲

▶ How to Use the Dictionary

A Spanish-English dictionary can be a very useful tool to aid in comprehension, particularly when you complete reading and writing exercises. Much to the dismay (and often amusement) of readers, however, many errors are made as a result of not using a dictionary properly. Remember that you cannot always translate word for word from one language to another.

For example, if you wanted to talk about your spring break at school and looked up the words for *spring* and *break,* you might come up with **la fuente quebrada.** Since **la fuente** is a spring in the sense of "stream of water," and **quebrada** is a break such as occurs in a bone, **la fuente quebrada** is, of course, nonsense. *Spring break* is expressed in Spanish as **las vacaciones de primavera.**

The following suggestions should help you use the dictionary effectively.

▶ **Cross-check.** If you look up an English word that has several Spanish equivalents and you are not sure which is appropriate, look up each Spanish word. For example, suppose you look up the word *line* and see **fila, línea, cola, renglón,** and **verso.** If the difference between each is not explained, look up each word in the Spanish-English section; examples are often given in context, which will help you determine the correct choice.

▶ **Check the grammar.** It is very important to pay attention to the part of speech of the word you need. For example, for the word *can* you might see **lata** (a noun) and **poder** (a verb). Obviously, these two words are not interchangeable. Most dictionaries indicate parts of speech, so take the time to familiarize yourself with the abbreviations for parts of speech used in your dictionary.

▶ **When in doubt, consult!** There are many Spanish-English cognates, but don't create your own Spanish words just because you think they might exist. When you are not certain of the Spanish equivalent of a word or expression, check the dictionary. The same rule applies when reading. If you encounter words that appear to be cognates but don't fit into the context of the reading, remember that they may be false cognates. Look them up.

▶ **Keep trying.** If you need to know the Spanish equivalent of an expression such as *to pull one's leg* or *like two peas in a pod,* focus on the key words and look up each one (e.g., *pull/leg, peas/pod*) until you find the expression.

▶ **Use synonyms.** If you look up a word or expression and cannot find it in the dictionary, look up a synonym. For example, if you can't find *to pull one's leg,* look up *to tease* or *to make fun of.* Sometimes you may even find a better way to express what you want to say.

▼
Apliquemos la estrategia
▲

A Give the Spanish equivalents of the words in italics. It is not necessary to translate the entire sentence. You will need to use a dictionary.

1. a. The soldiers are *in line.*
   b. We stood *in line* for three hours.
   c. How many *lines* are in the poem?
   d. Can you draw a straight *line?*
   e. The paper has 25 *lines* per page.

2. a. What is your *stand* on the issue?
   b. *Stand up,* please.
   c. I can't *stand* the pressure.
   d. The dove *stands* for peace.

3. a. Turn on the *light.*
   b. We wore *light* clothing.
   c. He had on a *light* blue jacket.
   d. They traveled *light.*

4. a. Stay here *a while.*
   b. He cooked *while* she cleaned.
   c. We *whiled away* the time downtown.

5. a. My *back* hurts.
   b. Write your answers on the *back* of the paper.
   c. The scenery was *in back of* the actor.
   d. She pets the dog's *back.*
   e. I need three *back* issues of that magazine.
   f. Carlos is *back.*

B Look up the following idiomatic expressions and use each one in an original sentence.

1. a laughing matter
2. to be like two peas in a pod
3. to take for granted
4. on the other hand
5. not at all

6. to be a lot of work

7. something like that

C Like English words, many Spanish words have several meanings. Look up the following words. Then write three or four sentences using each word, giving each sentence a different context.

1. echar

2. sacar

3. poner

4. dejar

5. quedar

D Here is a list of false cognates. Look up the meanings of the Spanish words. Then give the Spanish equivalents of the English words.

1. éxito ≠ exit

2. largo ≠ large

3. asignatura ≠ signature

4. dato ≠ date

5. grado ≠ grade

6. actualmente ≠ actually

7. fábrica ≠ fabric

8. mayor ≠ mayor

9. idioma ≠ idiom

▼

Preparémonos para hablar

▲

Many of the comprehension exercises following the reading selections in **Ahora, leamos** ask questions about the reading. You will show your level of comprehension much better if you answer the questions in your own words as opposed to citing the text verbatim. The following strategies will help you answer comprehension questions as well as participate in discussions and express opinions.

▶ Circumlocution: The Long Way Around

When writing, choosing precise words can enhance the quality of your work. A good dictionary can help! When speaking, however, a dictionary isn't always available or practical. You may not know a certain word, and thus may have difficulty expressing yourself. Don't lose confidence; use circumlocution! When you discuss reading selections, this skill can be helpful. If you don't know a certain word, describe it or use synonyms. Here are some phrases you can use to get your message across:

. . . es un sinónimo de . . .

. . . se refiere a . . .

. . . quiere decir (significa) . . .

. . . una cosa que . . .

. . . algo que . . .

. . . es lo contrario de . . .

. . . describe . . .

. . . una persona que . . .

. . . un lugar que . . .

. . . una actitud que . . .

For example, suppose you wanted to say that the traffic in Mexico is *frightening,* but you cannot remember the word **espantoso.** Use circumlocution.

He leído que el tránsito mexicano $\begin{cases} \text{causa terror.} \\ \text{inspira miedo.} \\ \text{asusta a la gente.} \end{cases}$

Remember, circumlocution is not recommended in writing, but it can be very beneficial when speaking.

▼
Apliquemos la estrategia
▲

Here are some sentences from the readings in **Ahora, leamos,** one sentence per chapter. Suppose that you wanted to express these ideas but couldn't remember how to say the words in italics. Explain the meaning of the words, using circumlocution to get your point across. (For the purpose of this exercise, if you don't know what the italicized words mean, look them up in a dictionary.)

1. Son bien *cerrados*, unos racistas de *primera*.
2. *El extranjero* se presentó en mi casa.
3. ¿Para qué le servirán *los anteojos* al *abuelito*?
4. Sucede que me canso de mis *pies* y mis *uñas* . . .
5. *Madrugas,* labrador, y dejas tierra de huella sobre el sitio de tu *cama* . . .
6. En los sistemas para *adelgazar* no existen *reglas* fijas, como tampoco existe el "peso ideal".
7. Al principio, efectivamente, *la novela* era un puro *argumento* de *espías*.
8. Pasamos *corriendo* delante de una fila de taxis *parados, huyendo* de la tentación.
9. La triple *carraspera* (*larga, corta,* larga), volvió a aparecer en tres o cuatro ocasiones.
10. El antecedente de estas series o *películas* que introducen *muñecos* capaces de conmover tanto como si fueran de carne y hueso está en el teatro, concretamente en *las marionetas.*
11. Si quiere *ahorrar* en el hotel, considere quedarse en una pensión . . . o en algún hotel en *las afueras* de *la ciudad* . . .
12. La sirvienta los *vestía,* les *daba de comer,* los *acostaba,* con visible brutalidad.

Circumlocution can often help you acquire more vocabulary. When your listener understands your explanation, he or she may be able to supply the precise word you are seeking.

▶ **Paraphrasing: Using Your Own Words**
Paraphrasing is putting into your own words what someone else has said or written. You do it all the time in your native language. The ability to paraphrase in a foreign language is a very useful skill. If you can paraphrase in the target language, you can show yourself (and others) that you understand what is being

said and you can utilize more and varied vocabulary. Being able to paraphrase allows for greater expression of ideas.

Let's look again at the first sentence in the exercise on circumlocution. The original sentence is stated, followed by a paraphrase of it.

Son bíen cerrados, unos racistas de primera.

Paraphrase:

No quieren aceptar perspectivas diferentes porque tiene prejuicios.

▼

Apliquemos la estrategia

▲

Paraphrase the remaining sentences from the previous exercise.

Get yourself in the habit of using these strategies on a regular basis. You will become a more proficient reader, speaker, and writer.

Ahora, ¡leamos, hablemos y escribamos!

CAPÍTULO 1

Los hispanos en los Estados Unidos: ¡A conocernos!

▼

Hay gente de habla hispana en prácticamente todas partes de los Estados Unidos. Hay concentraciones de grupos hispanos en ciertas áreas; por ejemplo el noroeste tiene poblaciones grandes de puertorriqueños; en la Florida se encuentra a los cubanos, y a lo largo del sur y del suroeste hay mexicanos y mexicano-americanos. De hecho, sería difícil, si no imposible, definir la cultura estadounidense sin mencionar el elemento hispano.

El cuento de este capítulo, "Entró y se sentó", tiene que ver con los pensamientos de un profesor universitario chicano y la lucha *(battle)* interior que tiene entre su ética, sus ideales y su herencia.

¿Qué hace el profesor?

▼

¿Y los estudiantes?

▼

¿Qué protestan?

▼

¿En qué piensa el profesor al mirar la lluvia?

▲▲▲▲▲▲▲▲▲▲

▼

Palabras en contexto

▲

Sustantivos

▶ **el descaro:** insolencia, impudencia
El profesor piensa en **el descaro** que los estudiantes le demuestran al criticar su ética.

▶ **el puesto:** trabajo, empleo
Unos de los pensamientos del profesor son los sacrificios que tuvo que hacer para poder finalmente conseguir **un puesto** de cierta categoría.

▶ **el sueldo:** salario, lo que gana una persona por su trabajo
El profesor no se queja de su **sueldo**; sabe que le pagan bien.

▶ **la huelga (el [la] huelguista, estar en huelga):** una protesta pública en la que los estudiantes no van a sus clases hasta que se les reconozcan ciertas demandas
El profesor no quiere participar en **la huelga** para así no provocar un conflicto de intereses.

▶ **la gritería (el grito, gritar):** una protesta en voz alta
El profesor no está de acuerdo con **la gritería** de los estudiantes; cree que eso de "cambiar el sistema" no es lo que hay que hacer.

▶ **el préstamo (prestado[a], pedir prestado[a], prestar):** el dinero (para la educación, por ejemplo) que uno debe recompensar más tarde
Cuando era estudiante, el profesor quería darles a sus padres parte de su **préstamo** estudiantil porque la familia era pobre.

▶ **el estorbo (estorbar):** impedimento, obstáculo, molestia
El deseo de los estudiantes de que el profesor participe en la huelga le presenta **un estorbo**; no quiere tener que tomar una decisión entre sus ideales y su raza.

▶ **el afán (afanar, afanosamente):** trabajo, entusiasmo
Después de tanto **afán**, el profesor finalmente consiguió un puesto excelente. Hace su trabajo con **afán** porque le gusta tanto.

▶ **el papeleo (el papel, la papelera):** trabajo administrativo
Para no tener que pensar en lo de la huelga, el profesor empieza **el papeleo** sobre cuánto dinero gastó en viajes profesionales.

Verbos

▶ **ayudar (la ayuda, el [la] ayudante):** hacer algo con alguien para hacérselo más fácil
El profesor quiere servir como modelo a sus estudiantes para **ayudar**los a seguir una carrera.

▶ **animar (animado[a], la animación):** inspirar entusiasmo, darle vida a algo o a alguien
El profesor quiere servir como un ejemplo para **animar** a los estudiantes a continuar su educación.

1   Los hispanos en los Estados Unidos: ¡A conocernos!

▶ **lidiar (lidiador[a], la lidia):** combatir, saber convencer, discutir
El profesor cree que es necesario **lidiar** con los estudiantes porque tienen opiniones diferentes de las suyas.

▶ **contar (ue) con:** depender de ellos
El profesor no quiere que los estudiantes **cuenten con** él en cuanto a participar en la huelga.

Adjetivos

▶ **airado(a):** furioso, enojado, enfadado
En su oficina, el profesor **airado** empieza su papeleo para olvidar el incidente con los estudiantes.

▶ **duro(a) (la dureza):** severo, fuerte (literal y figurativamente)
El profesor cree que es necesario ponerse **duro** con los estudiantes para que entiendan su posición; por eso, no quiere participar en la huelga.

▼
Palabras emparentadas
▲

Escoja la palabra correcta para completar las frases a continuación.

1. El profesor no quiere *(lidiar / lidiador / lidia)* con los que *(están en huelga / los huelguistas)*.

2. El profesor da la impresión que ser *(dureza / duro)* con los estudiantes para expresar sus opiniones es difícil.

3. El deseo de algún día tener una profesión respetable es lo que *(animado / animó / la animación)* al profesor a trabajar con gran *(afanarse / afanosamente / afán)*.

4. Parece que el profesor no quiere hacer el *(papel / papeleo),* pero hay que hacerlo. La secretaria probablemente *(ayudante / ayudar / ayuda)* lo más posible.

5. El profesor piensa en los *(gritos / gritería / grita)* de los estudiantes, y se encuentra en una posición difícil.

6. Cuando era estudiante universitario, el profesor quería *(pedir prestado / prestarle / préstamo / prestado)* parte de su *(prestado / prestar / pedir prestado / préstamo)* a su padre para que la familia sobreviviera.

7. Los estudiantes que están en huelga *(estorban / estorbo)* la paz *(peace)* del profesor.

▼
Cognados relacionados con el tema
▲

Adivine los significados de los cognados siguientes que vienen del cuento "Entró y se sentó". Luego conteste las preguntas.

ingratos	sistema	programas federales (de) educación
insultarme	dedicarme	minorías
racistas	estudiantes	consultante
educación bilingüe		

Juguemos con las palabras

3
▲

1. The main character of the story is a college professor. In what area is he probably dedicated beyond his teaching responsibilities, as suggested by the cognates? Which cognates suggest his interests?

2. Why might the professor refer to his students as **ingratos** and **racistas**? What verb suggests a conflict between the professor and his students?

▶ Note that the word **afán** has two meanings: "work" and "enthusiasm."

▶ **El papeleo, el papel,** and **la papelera** are all nouns meaning "paperwork," "paper," and "wastebasket," respectively. **El papel** also means "role" or "part" in expressions such as **hacer el papel,** "to play a role (part)."

▶ **Duro(a)** has both a literal and figurative meaning: "hard" in texture and "hard" or "tough" in character.

▶ The protagonist in the reading selection makes mention of the word **raza,** meaning "race." He is referring to his Mexican heritage. The word is commonly used to refer to Hispanic peoples as a source of pride.

▶ The protagonist also uses the word **gringo** in his thoughts to refer to Caucasians from the United States. In the sense in which he uses the word, it has a pejorative connotation.

▶ Because part of the story is a stream of consciousness narration, the author has captured the native dialect of the protagonist. As you read, see if you can distinguish the slang expressions from standard Spanish. The slang words are glossed.

▶ 1 ◀

Primer paso:
Preparémonos para leer

These suggestions should help you improve your reading skills.

Do not translate as you read. As you read in Spanish, try to think in Spanish rather than translating every word into English. This may take extra time at first, but will make reading easier and more enjoyable later.

Read aloud. Often by saying a word out loud, you can guess its meaning better than by merely looking at it.

Decide what is important and what is unimportant. During your first reading, focus on nouns and verbs rather than on descriptions. Try to determine the main ideas of a selection first. There will be time later to go back to details.

Anticipate. Try to guess the upcoming events and the responses and actions of characters. This can help you become more involved with the reading.

1   Los hispanos en los Estados Unidos: ¡A conocernos!

Summarize. After reading a paragraph, summarize it in one line, and write down your summary. You will then have a general outline of a piece after you have read it. You could also write a question about the paragraph to answer at a later time.

Read a selection more than once. The first reading usually sets the tone and gives you a general idea of the selection's theme(s). Your second and third readings will supply more details and insight into the piece. These additional readings are a *must* in order to arrive at a complete understanding of the selection.

▼
Apliquemos la estrategia
▲

Follow the suggestions discussed above as you read "Entró y se sentó." On a separate sheet of paper, write your paragraph summaries and questions, to be shared with the class on the following day. In class, form small groups and use your questions to review the reading. Discuss the major points of the story and organize an outline of it.

▼
Anticipemos un poco
▲

1. "Entró y se sentó" deals with the thoughts a professor of Mexican heritage has about his students (also of Mexican heritage) who are on strike, and with whom he does not agree. What might his thoughts be?

2. The protagonist feels that he has been put in a difficult position in both professional and cultural terms. How might he feel toward his students? Toward the university? About his own beliefs and ideals? How do you feel when you are put in a compromising situation?

3. The story includes some flashbacks to the protagonist's early adulthood, which include memories of a difficult time. What might these memories be?

▶ 2 ◀

Segundo paso: Ahora, leamos

Rosaura Sánchez (1941 –) es una escritora chicana de Texas que es también profesora en el Departamento de Literatura de la Universidad de California en San Diego. Obtuvo el doctorado en Filosofía y Letras en la Universidad de Texas, especializándose en lingüística.

Además de escribir ficción, la doctora Sánchez ha publicado artículos sobre el español del suroeste de los Estados Unidos. En el cuento que Ud. va a leer, hay algunos regionalismos de ese dialecto. "Entró y se sentó" trata del conflicto interior que experimenta un profesor de origen mexicana durante una huelga estudiantil.

Entró y se sentó°

Rosaura Sánchez

▲▲▲▲▲▲▲▲▲

se sentó *sat down*

escritorio *desk*

se habían portado *behaved*

bola de infelices *bunch of simpletons*

bola de desgraciados *bunch of wretches (SOBs)*

pan dulce de canela *cinnamon roll*

no me casé *I didn't marry*

cerrados *closed-minded*

de primera *first-class*

no se dan cuenta *they don't realize*

principal *director*

mal entendido *misunderstanding*

Entró y se sentó frente al enorme escritorio° que le esperaba lleno de papeles y cartas. Estaba furioso. Los estudiantes se habían portado° como unos ingratos.

— Bola de infelices,° venir a gritarme a mí en mis narices que soy un '*Poverty Pimp*'. Bola de desgraciados.° Como si no lo hiciera uno todo por ellos, por la raza, pues.

Llamó a Mary Lou, la secretaria, y le pidió que le trajera café y un pan dulce de canela.°

— Y luego tienen el descaro de insultarme porque no me casé° con una mejicana. Son bien cerrados,° unos racistas de primera°. Lo que pasa es que no se dan cuenta° que yo acepté este puesto para ayudarlos, para animarlos a que continuaran su educación.

En ese momento sonó el teléfono. Era el Sr. White, el director universitario del departamento de educación. No, no habría más problemas. El mismo hablaría con el principal° Jones para resolver el problema. Era cosa de un mal entendido° que pronto se resolvería.

¿Por qué está enojado este hombre? ¿Tendrá que ver con su trabajo?

1   Los hispanos en los Estados Unidos: ¡A conocernos!

sorbo *sip*

informe de gastos
  expense account

vuelo *flight*

dolores de cabeza
  headaches

acordado *remembered*

gente *raza (los de
  origen mexicano, en
  este caso)*

se agregaban *added on*

apoyara *supported*

demasiado *too much*

comprometiendo
  compromising

si supieran *if they
  knew*

sudar *to sweat*

se apagaron las luces
  the lights went out

tronar *to thunder*

volteó *he turned
  around*

recintos *compounds*

se oscureció más *it got
  darker*

troca *truck*

aguacero *downpour*

parar *to stop*

surco *furrow*

nos metemos *vamos*

escampe *it stops*

pesó *he weighed*

algodón *cotton*

costal *sack*

no sé cómo le vamos a
  hacer *I don't know
  how we'll manage*

pizcando *picking*

sudando la gorda
  *sweating one's guts
  out*

cuentos *excusas*

¿Qué se han creído esos
  babosos? *Who do
  those slobs think they
  are?*

huevones *bums*

apá *papá*

Mary Lou llegó con el café cuando terminó de hablar. Después de un sorbo° de café, se puso a hacer el informe de gastos° para el mes. Gasolina. Gastos de comida con visitantes importantes. Vuelo° a Los Ángeles para la reunión de educadores en pro de la educación bilingüe. Motel.

— Para ellos yo sólo estoy aquí porque el sueldo es bueno. Si bien es verdad que pagan bien ya que las oportunidades son muchas, también es verdad que los dolores de cabeza° son diarios. Y podría haberme dedicado a mi trabajo universitario y no haberme acordado° de mi gente.°

Se le permitían 22 dólares de gastos diarios y como había estado 5 días podía pedir $110. A eso se agregaban° los gastos de taxi. Ahora querían que los apoyara° en su huelga estudiantil. Pero eso era ya demasiado.° Lo estaban comprometiendo.°

— Si supieran° esos muchachos lo que he tenido que sudar° yo para llegar aquí. Con esa gritería de que hay que cambiar el sistema no llegamos a ninguna parte. No se dan cuenta que lo que hay que hacer es estudiar para que el día de mañana puedan ser útiles a la sociedad.

De repente se apagaron las luces.° Afuera comenzaba a tronar° y la lluvia caía en torrentes. Volteó° en su silla rodante y se acercó a la ventana. Primero vio los edificios grises universitarios que se asemejaban a los recintos° de una prisión. Se oscureció más° hasta que vio la troca° perdida en la lluvia.

Decida si las frases son verdaderas o falsas.

1. El protagonista está en su oficina pensando en algo.
2. Mary Lou es la esposa del protagonista.
3. El profesor está contento con sus estudiantes.
4. El profesor empieza a hacer algún trabajo administrativo.
5. El profesor cree que los estudiantes han creado un problema para él.
6. El profesor piensa en su pasado difícil.
7. El profesor está de acuerdo con sus estudiantes.

— Con este aguacero° tendremos que parar° un rato, hijo. Llegando a la orilla del surco° nos metemos° debajo de la troca hasta que escampe° un poco.

Pesó° el algodón° pero no vació el costal° arriba porque con la lluvia estaba dando frío.

— Mira hijo, si te vas a la escuela no sé cómo le vamos a hacer.° Con lo que ganas de *busboy* y lo que hacemos los sábados pizcando,° nos ayudamos bastante. Y sabes que en mi trabajo no me pagan gran cosa.

Sabía lo que era trabajar duro, de sol a sol, sudando la gorda.° Entonces que no me vengan a mí con cuentos,° señores. ¿Qué se han creído esos babosos?° Después de tanto trabajo, tener que lidiar con estos huevones.° Porque lo que pasa es que no quieren ponerse a trabajar, a estudiar como los meros hombres.

— Mire, apá,° le mandaré parte de mi préstamo federal cada mes. Verá que no

chiche del gobierno
government aid

lo que es canela *to have it rough*

quejarse *to complain*

relampagueó *lightning struck*

me he de desobligar y ya estando en Austin, buscaré allá otro trabajito para poder ayudarles.

Éramos pocos los que estudiábamos entonces. Estos que tienen la chiche del gobierno° no saben lo que es canela.° Sólo sirven para quejarse° de que no les den más.

— Yo ya estoy muy viejo, hijo. Cuida a tu mami y a tus hermanos.

Seguía lloviendo y la electricidad no volvía. Afuera relampagueó.°

Escoja la respuesta más apropiada.

1. El diálogo de esta sección ocurre
   a. en el presente.
   b. hace unas semanas.
   c. hace muchos años.

2. El papá del protagonista no quiere que vaya a la universidad porque
   a. necesita trabajar por la familia.
   b. cree que los cursos le van a ser demasiado difíciles.
   c. es necesario sudar la gorda.

3. El protagonista está acostumbrado a
   a. lidiar con huevones.
   b. trabajar muy duro.
   c. recibir la chiche del gobierno.

4. El protagonista
   a. cree que los estudiantes son muy trabajadores.
   b. resiente a los estudiantes.
   c. sabe que los estudiantes tienen razón.

5. El padre del protagonista probablemente
   a. fue a la universidad.
   b. no aceptó sus responsabilidades.
   c. murió.

---

esquina *corner*

semáforo *traffic light*

arrancaba *wouldn't start* / **capacete** *hood*

pitaban *honked*

se deslizaban *slipped*

empapado *soaking wet*

arrastrar *drag*

hundían *sank*

arada *plowed*

garraletas *jalopies*

se rifara el pellejo *to stick his neck out*

qu'esque *it is*

El carro se les había parado en la esquina.° El semáforo° ya se había puesto verde pero el carro no arrancaba.° Su papá salió, levantó el capacete° y quitó el filtro. Mientras su papá ponía y quitaba la mano del carburador, él pisaba el acelerador. Atrás los autos pitaban° y pitaban. Por la izquierda y la derecha se deslizaban° los *Cadillacs* y los *Oldsmobiles* de los rancheros airados con el estorbo en plena calle Chadbourne. Su papá estaba empapado° por la lluvia cuando por fin arrancó el carro. Ese día los había maldecido a todos, a todos los gringos de la tierra que los hacían arrastrar° los costales de algodón por los surcos mientras los zapatos se les hundían° en la tierra arada,° a los gringos que les pagaban tan poco que sólo podían comprar aquellas garraletas° que nunca arrancaban. Años después se había casado con una gringa. Y ahora, después de tanto afán, querían que se rifara el pellejo.° Qu'esque° por la causa. Como si fuera

▲

1   Los hispanos en los Estados Unidos: ¡A conocernos!

tan fácil cambiar el sistema. No señores, que no contaran con él. Volvió la electricidad y se puso a ver la correspondencia.

— Gracias a Dios que tengo mi oficina aquí en la Universidad, en el sexto piso de esta monstruosidad donde no tengo que ver a nadie. No más le digo a la secretaria que diga que no estoy y así puedo dedicarme al papeleo que siempre hay que atender. Estos estudiantes del Cuerpo de Maestros° van a tener que sujetarse a las reglas° o si no, pa' fuera.° Tiene uno que ponerse duro, porque si no, se lo lleva a la chingada.° Alguna vez les contaré mi vida a esta gente . . . a ver . . . Bueno mañana no será. Tengo que ir a Washington a la reunión nacional de programas federales de educación para las minorías y luego . . . a ver . . . tengo que ir a San Antonio como consultante del programa bilingüe. Vale más° llamar a Mary Lou para ver si me consiguió ya el pasaje de avión para mañana. Mary Lou . . . ah, sí mmmhhhmmm, en el Hilton, del 8 al 10 de noviembre. Muy bien. Y ¿qué sabes del vuelo? . . . ¿Por *Continental* o *American*? . . .

Miró por la ventana y vio a su papá empapado de agua y lleno de grasa.°

Reprinted with permission.

Cuerpo de Maestros
Teacher Corps
reglas *rules*
pa' fuera *kicked out*
se lo lleva a la chingada
one gets "screwed"
vale más *es necesario*

grasa *grease*

Complete las frases con las palabras adecuadas según el contexto del cuento.

1. El protagonista recuerda el problema que su padre tuvo un día cuando el carro no _____ .

2. El padre maldijo a todos los gringos porque ese día _____ .

3. El profesor no quiere que sus estudiantes lo pongan en una situación difícil después de tanto _____ de su parte en alcanzar su posición como profesor respetado.

4. El profesor vuelve al momento cuando _____ , y empieza a repasar la correspondencia.

5. El profesor no piensa más en los estudiantes porque tiene que planear _____ .

6. En la última línea del cuento, el profesor "ve" a _____ .

DATOS PERSONALES

NOMBRE _____

DIRECCION _____

_____

TEL. _____ **EDAD** _____ **PROFESION** _____

Tercer paso:
Volvamos a leer

Vuelva Ud. al cuento y léalo por lo menos una vez más. Corrija las respuestas de las pruebas. Si hay errores, lea el trozo que malentendió hasta entenderlo.

▼
¿Comprendió Ud. la lectura?
▲

A **¿Cuánto recuerda Ud.?**   Conteste las preguntas en sus propias palabras.

1. ¿Dónde tiene lugar el cuento?
2. ¿Cuál es la profesión del protagonista?
3. ¿Con quién está furioso él? ¿Por qué?
4. ¿Quiénes son Mary Lou, el Sr. White y el principal Jones?
5. ¿En qué continúa pensando el protagonista mientras hace el papeleo? ¿Por qué?
6. ¿En qué piensa el protagonista cuando empieza la tormenta *(storm)*?
7. ¿Por qué era difícil para el protagonista ir a la universidad? ¿Cuál fue la solución?
8. ¿Por qué parece que el profesor no respeta a sus estudiantes?
9. ¿En qué piensa el protagonista cuando relampaguea?
10. ¿Por qué está contento el protagonista de que su oficina esté en un edificio alto, en el sexto piso?
11. ¿Por qué no puede el protagonista contarles su vida a los estudiantes?
12. ¿Con quién habla el protagonista al final del cuento? ¿Por qué?

B **Prueba de vocabulario.**   Con los grupos de palabras siguientes, haga oraciones que tengan que ver con "Entró y se sentó".

Modelo: lidiar / airado
*El profesor **airado** no quiere **lidiar** con los estudiantes.*

1. la gritería / la huelga
2. el préstamo / afanosamente
3. ayuda / duro
4. el papeleo / puesto
5. el sueldo / el descaro
6. contar con / estar en huelga
7. animar / puesto

Ahora, organice sus oraciones en un párrafo que resuma lo que pasa en el cuento.

Reaccionemos
▲▲▲▲▲▲▲▲▲▲

C **Analicemos el cuento.**   Formen Uds. grupos pequeños para hablar de estas ideas. Después, compartan sus ideas con las de la clase entera.

1. Hay una conexión fuerte entre el tiempo (la tormenta) y los pensamientos del protagonista. ¿Cuál es la conexión? ¿Por qué es importante?

2. Describan la importancia de los *flashbacks* en el cuento. ¿Cómo apoyan lo que está pasando en el presente en la vida del protagonista? ¿Qué le hace al protagonista pensar en el pasado?

3. El protagonista resiente a los estudiantes. ¿Por qué? ¿Qué tienen que ver sus resentimientos con su propia vida? ¿Qué es un *'Poverty Pimp,'* según su entendimiento? ¿Qué importancia tiene este término en el contexto del cuento?

4. Discutan la importancia de la "raza" para el protagonista. Discuta la mención de su esposa "gringa".

5. El protagonista racionaliza mucho en el cuento. ¿Cuáles son sus racionalizaciones? ¿Por qué las hace? ¿Por qué son importantes en el contexto del cuento?

6. Discutan la dedicación del protagonista con respecto a su profesión.

7. Discutan el conflicto interior que experimenta el protagonista.

D **Solicitamos su opinión.**

1. ¿Cree Ud. que el tono del cuento es positivo o negativo, o los dos? Explique.

2. Para Ud., ¿cuál es el problema entre el profesor y los estudiantes? ¿Tiene que ver con una diferencia de opinión o de ideales? ¿O es simplemente una diferencia de edad *(age)?* Explique.

3. ¿Cree Ud. que al profesor le gusta mucho o poco su trabajo? Explique.

4. ¿Cree Ud. que el profesor está amargado *(bitter)?* Explique.

5. El protagonista del cuento es de herencia mexicana. ¿Es importante esto? ¿Por qué sí o por qué no?

6. ¿Qué adjetivos emplearía Ud. para describir al protagonista? ¿Por qué?

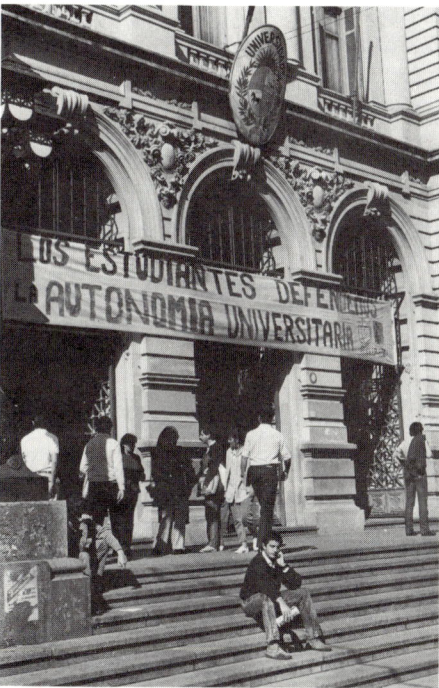

Estos estudiantes apoyan la autonomía de las universidades. ¿Qué querrá decir eso?

7. ¿Respeta Ud. al profesor? ¿Por qué sí o por qué no? ¿Respeta Ud. a los estudiantes que están en huelga? ¿Por qué sí o por qué no?

8. El profesor está a favor de la educación bilingüe. ¿Está Ud. de acuerdo con él o no? Explique.

9. ¿Cuál es su reacción personal frente al cuento? Explique.

E **Debate.** Formen grupos. Un grupo debe defender las ideas siguientes y el otro debe criticarlas.

1. Las minorías que tienen que trabajar muy duro casi siempre resienten a otros fácilmente.

2. La vida de las minorías es más difícil que la de otros.

3. Por varias razones históricas, políticas y culturales, los Estados Unidos tienen la cuarta población más grande de hispanos del mundo. En un futuro no muy lejano, el grupo étnico más grande de los Estados Unidos será el hispano. Por eso, el país debe ser completamente bilingüe.

F **Temas escritos**

1. Organice sus ideas sobre el ítem número 3 del Ejercicio E en una composición bien desarrollada. Discuta en detalle la contribución hispana a la cultura estadounidense. Considere lo siguiente: la historia, la economía, la política, el idioma, la comida, las artes y los deportes.

2. Escriba una composición sobre sus reacciones personales frente al cuento. Incluya un análisis de los puntos de vista del profesor y de los estudiantes.

Respuestas a las pruebas

p. 7 1. V 2. F 3. F 4. V 5. V 6. V 7. F

p. 8 1. c 2. a 3. b 4. b 5. c

p. 9 1. arrancaba

2. estaban airados con el estorbo y pitaban

3. afán

4. vuelve la electricidad

5. un viaje a Washington y otro a San Antonio

6. su papá

CAPÍTULO 2

¡No haga Ud. hoy lo que puede dejar para mañana!

▼

La "mañanitis" es una condición de que sufren muchas personas. Tales personas prefieren hacer algo no en el presente sino en el futuro. A menudo, estas cosas tienen que ver con el coche, con el banco, con el supermercado, con la oficina de correos, etc.: cosas fáciles y necesarias pero fastidiosas *(bothersome)*.

El ensayo de este capítulo, "Vuelva usted mañana", tiene que ver con muchas personas que sufren de "mañanitis" y que destruyen los planes de un individuo que no sufre de esta enfermedad.

¿En qué piensa él? ¿Y ella?

▼

¿Qué tienen que hacer?

▼

¿Qué cosas tiene Ud. que hacer?

▼

¿Le gusta hacer los recados *(errands)* o representan "la tortura" para Ud.?

▼

¿Deja Ud. para mañana lo que puede hacer hoy? ¿Por qué?

▲▲▲▲▲▲▲▲▲▲

▼
Palabras en contexto
▲

Sustantivos

▶ **el asunto:** lo que una persona tiene que hacer o arreglar, como planes o negocios, por ejemplo
El francés fue a España para investigar algunos **asuntos** familiares y quería resolverlos pronto.

▶ **la solicitud (solicitar, solicitado[a]):** un formulario que se llena para obtener algo; por ejemplo, es necesario escribir una solicitud para entrar en la universidad
El francés quería empezar una compañía en España, por eso le dio **una solicitud** al oficial del gobierno español.

▶ **el (la) extranjero(a) (extranjero[a]):** una persona de otro país
Este **extranjero** tiene ideas incorrectas sobre cómo hacen las cosas los españoles; las hacen de una manera completamente diferente de las de su país.

▶ **la cita:** una reunión, un plan para encontrarse con otra persona a una hora específica
El francés tenía **una cita** con el genealogista a la una, pero cuando llegó, el señor no estaba.

▶ **el (la) conocido(a) (conocer, el conocimiento):** una persona con quien otra tiene una relación familiar
No podían encontrar a un genealogista. Decidieron por fin pedirles información a los amigos y a **los conocidos.**

▶ **el propósito (la proposición, proponer):** la intención, el objetivo, la idea
El único **propósito** del francés era el de completar su trabajo y volver a casa.

▶ **el asombro (asombrar, asombrado[a]):** la sorpresa
El francés no podía creer lo que el español le dijo; era evidente por su sonrisa de **asombro.**

Verbos

▶ **pensar** + *infinitivo:* planear, tener la intención de + *infinitivo*
El francés **piensa terminar** todos sus asuntos en quince días; es su plan.

▶ **tardar en (la tardanza, tarde):** no tener prisa, no hacer nada a tiempo sino esperar un rato, la duración total que se requiere para terminar algo
El señor español dice que una característica española es **tardar en** hacer cosas; prefieren no tener prisa sino hacerlo todo con calma.

▶ **marcharse (la marcha):** salir, irse
El hombre estaba furioso y **se marchó** al aeropuerto para regresar a casa.

▶ **dar un paseo / una vuelta:** caminar, en el parque, por ejemplo, pasearse
En vez de trabajar, el hombre decidió **dar un paseo** / **una vuelta** por el parque. Puede hacer el trabajo más tarde.

▶ **sobrar (sobrado[a], las sobras):** tener extra, quedarle a alguien más de lo necesario

Según el francés, le **sobraría** mucho tiempo para terminar sus asuntos y podría regresar a casa más temprano de lo que había planeado.

▶ **asistir a (la asistencia):** ir a un lugar y quedarse, estar presente en una reunión, por ejemplo

El francés estaba muy frustrado; nadie **asistió a** las citas que había hecho.

▶ **maldecir (maldito[a]):** decir malas cosas de una manera no muy cortés

El francés salió **maldiciendo** de su experiencia en el país extranjero.

Adjetivo

▶ **negado(a) (negar [ie], innegable):** no aceptado, rechazado

La solicitud para empezar una compañía fue **negada;** ahora el señor tiene que regresar a su propio país.

▼

Palabras emparentadas

▲

Complete las frases con la forma correcta de las palabras emparentadas dadas a continuación.

> **Modelo:** **sobrar, las sobras**
> *El señor francés creía que le **sobraría** mucho tiempo; con las horas **sobradas**, pensaba ver la ciudad.*

1. **la solicitud, solicitar, solicitado**

   El propósito del viaje es el de _____ permiso para desarrollar una compañía. El permiso _____ tiene que venir del gobierno y _____ para el permiso es enorme.

2. **negado, negar, innegable**

   Ojalá que el gobierno no _____ el permiso. Si el permiso es _____ , el francés tendrá que volver a Francia, probablemente con una furia _____ .

3. **el extranjero, extranjero**

   Es común que _____ tengan estas ideas raras de nuestra cultura. Las costumbres diarias _____ a menudo son muy diferentes.

4. **tardar en, la tardanza, tarde**

   El hombre no _____ hacer una cita. Según él, es mejor hacer algo temprano que _____ . _____ le parece al señor un defecto del carácter.

5. **el conocido, conocer, el conocimiento**

   _____ de otro país es muy importante. Al _____ a la gente de otro país , es posible entender mejor su cultura. También _____ son importantes para establecer contactos.

Ahora, escriba párrafos cortos usando las palabras emparentadas a continuación. Emplee el mismo estilo de la sección anterior. Base sus ideas en las actividades diarias.

6. asistir a, la asistencia

7. el propósito, la proposición, proponer

8. el asombro, asombrar, asombrado

9. maldecir, maldito

▼ Cognados relacionados con el tema ▲

Adivine los significados de los cognados siguientes que vienen del cuento "Vuelva usted mañana". Luego, conteste las preguntas.

una idea exagerada (e) hiperbólica
proyecto comercial
eternamente futuro
genealogista

inercia
ascendientes
especulaciones

urgencia
convencer
impaciencia

1. What words suggest that the reading is a satire?

2. If you knew that a man had gone to a foreign country, what words above suggest his reasons for going there?

3. How might the words **inercia, impaciencia,** and **urgencia** tie in with frustration on the part of a time-conscious individual?

▼ En otras palabras ▲

▶ The verb **pensar** *(to think)* has many uses and meanings. When followed by an infinitive, it means "to intend + *infinitive.*" When followed by the preposition **en,** it means "to think about." The preposition **de** following **pensar** asks for an opinion and means "to think of (about)."

Write four sentences using these different meanings of **pensar.** Your sentences should have to do with daily activities or chores.

▶ **Solicitar** means "to apply for." The verb **aplicar** is also used in many Spanish-speaking countries; however, it usually means "to apply" as in applying glue rather than requesting permission.

▶ **El (la) extranjero(a)** means "someone from a foreign country," whereas **el (la) forastero(a)** means "stranger, out-of-towner."

▶ Remember to not confuse the verbs **saber** and **conocer. Conocer** is reserved for "knowing" in the sense of being familiar with people and places and **saber** is used with knowledge, information, or facts.

▶ The verb **asistir a** does not mean "to assist," but rather "to attend." The verb **atender (ie)** should be used with the meaning "to attend to," "to assist something or someone."

▼ Para su información ▲

In the story, mention is made of **El Parque del Retiro** and **El Correo. El Parque del Retiro** is the main park of Madrid, much like Central Park in New York City, where many people spend their leisure time. **El Correo** is a newspaper.

Primer paso:
Preparémonos para leer

▼
**Suffixes: The
end tells all**
▲

Recognizing words and their functions in a sentence will help you better understand what you are reading. For example, by knowing that the suffix **-mente** indicates an adverb, you will be able to determine the modifier of a verb. Here is a list of other common "clues" to words that you will find in the reading selection, their English counterparts, an example in Spanish, and their grammatical use.

Clue	English	Spanish	Grammatical
-ido (a / os / as) **-ado (a / os / as)**	*-ed, -en*	conoc**ido** asombr**ado**	past participle (verb or adjective)
-dad, -tad, **-tud**	*-ity* *-ship*	comuni**dad** amis**tad**	noun
-ista	*-ist* *-ic*	art**ista** optim**ista**	noun, adjective
-ador (a / es / as) **-tor (a / es / as)**	*-er*	trabaj**ador** traduc**tor**	noun, adjective
-ero (a / os / as)	*-er*	carpint**ero**	noun, adjective
-ando, -iendo	*-ing*	trabaj**ando** maldic**iendo**	present participle, gerund
-ísimo (a / os / as)	*very + adj.,* *adverb*	furios**ísimo** rapid**ísima**mente	adjective, adverb
-(i)ente	*-ing*	pend**iente** depend**iente**	adjective, adverb, noun
-ito (a / os / as)	*little + noun,* *adj.*	vuelt**ita** cort**ito**	noun, adjective
-able	*-able*	not**able**	adjective, noun

During your first reading of the story, make a list of all the words you can recognize using these clues. Determine how each one functions in context and try to think of other words you know that follow these guidelines.

1. This story deals with a man who goes to a foreign country to do business and to straighten out his financial situation. What problems might someone encounter when entering a different culture to do business?

2. The author, a Spaniard, describes the people of his country. By looking at the title "Vuelva usted mañana," with what do you think he is concerned?

3. How do you feel when you have a lot to accomplish and other things or people get in your way?

4. The author of this essay examines a general trend among his compatriots. He looks at this characteristic with humor. What stereotypes or general characteristics might one associate with Americans?

▶ **2** ◀

Segundo paso:
Ahora, leamos

Mariano José de Larra (1809 – 1837) fue un escritor madrileño que ganó mucha fama por sus artículos de costumbres. Los artículos de costumbres de Larra son observaciones sobre ciertos hábitos culturales de su época que él quería mejorar. Escribió para muchos periódicos y revistas. En sus artículos criticó a la sociedad española comparándola con otras, muchas veces con la francesa, porque asistió a la escuela durante muchos años en Francia y tenía conocimiento personal de ella. Tal como apreciará en "Vuelva Ud. mañana", Larra usa el humor, la sátira, la ironía y la exageración en sus ensayos.

Vuelva usted mañana
Mariano José de Larra
▲▲▲▲▲▲▲▲▲

han de van a

No hace muchos días se presentó en mi casa un extranjero de estos que, en buena o en mala parte, han de° tener siempre de nuestro país una idea exagerada e hiperbólica. Pero, si entre nosotros hay muchos que ignoran los verdaderos motivos que nos mueven, no tendremos derecho para estar sorprendidos que los extranjeros no puedan entenderlos tan fácilmente.

2 ¡No haga Ud. hoy lo que puede dejar para mañana!

El amigo del autor de este ensayo tuvo muchos problemas con la burocracia. ¿Ha tenido Ud. experiencias semejantes? ¿Tuvo Ud. que volver mañana?

provisto de con
reclamaciones *claims, demands*
invertir *to invest*
patria país
vecinos personas que viven cerca de alguien
aseguró *assured*
quedar permanecer
digno *worthy*
trabé presto amistad rápidamente me hice amigo
lleno *full*
lástima *pity, compassion*
a menos que *unless*

El extranjero se presentó en mi casa, provisto de° competentes cartas de recomendación. Asuntos intricados de familia, reclamaciones° futuras y aun proyectos vastos de invertir° aquí mucho dinero en tal cual especulación industrial o mercantil, eran los motivos que a nuestra patria° le traían.

Acostumbrado a la actividad en que viven nuestros vecinos,° me aseguró° formalmente que pensaba quedar° aquí muy poco tiempo, sobre todo si no encontraba pronto objeto seguro en que invertir su capital. Me pareció el extranjero digno° de alguna consideración, trabé presto amistad° con él, y lleno° de lástima° traté de persuadirle a que se volviese a su casa pronto, a menos que° su único propósito fuera el de pasearse. Le sorprendió la proposición, y fue preciso explicarme más claro.

Decida si las frases son verdaderas o falsas.

1. Una persona de otro país llegó a la casa del narrador.
2. Según el narrador, los extranjeros siempre comprenden bien a las personas de otros países.
3. El extranjero fue al país del narrador para arreglar asuntos personales y financieros.
4. El narrador se hizo amigo del extranjero.
5. El extranjero piensa quedarse poco tiempo en el país extranjero.
6. El narrador trata de convencerle al extranjero que vuelva a su casa si quiere hacer algo más que dar un paseo.

Segundo paso: Ahora, leamos

19
▲

monsieur Sans-délai
Mr. Without Delay
(Sr. Sin Tardanza)

revuelve *he'll*
rummage through

fundadas *founded,*
justified

en debida forma *in*
proper form

se juzga *one judges*

dueño *owner*

no me conviene *no me*
sirve

reprimir *to stifle*

carcajada *la acción de*
reír fuertemente

logró *pudo*

impedir *to prevent*

mis labios *my lips*

entre socarrón y formal
between mocking
and acting seriously

quince meses de
estancia *fifteen*
months' stay

¿Se burla? *Are you*
making fun?

graciosa *amusing*

dispuesto *open,*
willing, available

dejarse convencer *to*
allow himself to be
convinced

callé *cerré la boca*

hechos *facts*

— Mire — le dije — monsieur Sans-délai° — que así se llamaba —; usted viene decidido a pasar quince días, y a resolver en ellos sus asuntos.

— Ciertamente — me contestó —. Quince días, y es mucho. Mañana por la mañana buscamos un genealogista para mis asuntos de familia; por la tarde revuelve° sus libros, busca mis ascendientes y por la noche ya sé quién soy. En cuanto a mis reclamaciones, pasado mañana las presento fundadas° en los datos que aquél me dé, legalizadas en debida forma°: y como será una cosa clara y de justicia innegable al tercer día se juzga° el caso y soy dueño° de lo mío. En cuanto a mis especulaciones, en que pienso invertir mi dinero, al cuarto día ya habré presentado mis proposiciones. Serán buenas o malas, y admitidas o negadas inmediatamente, y son cinco días; en el sexto, séptimo y octavo, veo lo que hay que ver en Madrid; descanso el noveno; el décimo si no me conviene° estar más tiempo aquí me vuelvo a mi casa; me sobran cinco de los quince días.

Al decir esto monsieur Sans-délai, traté de reprimir° una carcajada° y si mi educación logró° sofocar mi inoportuna jovialidad, no fue bastante a impedir° que se llegase a mis labios° una suave sonrisa de asombro y de lástima.

— Permítame, monsieur Sans-délai — le dije entre socarrón y formal° — permítame que le invite a comer para el día en que lleve quince meses de estancia° en Madrid.

— ¿Cómo?

— Dentro de quince meses está aquí todavía.

— ¿Se burla°?

— No, por cierto.

— ¿No me podré marchar cuando quiera? ¡Cierto que la idea es graciosa°!

— Usted no está en su país activo y trabajador.

— ¡Oh! Los españoles que han viajado por el extranjero han adquirido la costumbre de hablar mal siempre de su país por hacerse superiores a sus compatriotas.

— Le aseguro que en los quince días con que cuenta no habrá podido hablar ni siquiera a una sola de las personas cuya cooperación necesita.

— ¡Hipérboles! Yo les comunicaré a todos mi actividad.

— Todos le comunicarán su inercia.

Conocí que no estaba el señor Sans-délai muy dispuesto° a dejarse convencer° sino por la experiencia, y callé° por el momento, bien seguro de que los hechos° no tardarían mucho en hablar por mí.

---

1. El nombre del extranjero significa que
   a. es muy activo y tiene prisa.
   b. quiere pasar las vacaciones allí y descansar.
   c. quiere divertirse.

2. Una de las cosas que quiere hacer el extranjero es
   a. encontrar un trabajo.
   b. conocer a muchos españoles.
   c. saber la historia de su familia y quién es él.

3. Al fin de los primeros cinco días, el extranjero piensa
   a. descubrir su identidad, recibir el dinero e invertir su dinero.
   b. visitar a muchos conocidos y parientes y hacerse dueño de una casa.
   c. trabar amistades con muchas personas, leer muchos libros y juzgar el caso.

4. También quiere
   a. hacer turismo en Madrid.
   b. pasar más tiempo en otro país.
   c. quedarse más de 15 días.

5. La reacción del narrador hacia el plan de 15 días del extranjero es la de
   a. alegría y tristeza.
   b. asombro y lástima.
   c. horror y felicidad.

6. El narrador predice que el extranjero estará en España
   a. quince días.
   b. quince meses.
   c. quince semanas.

7. El narrador dice que los españoles sufren de
   a. demasiada actividad.
   b. hipérboles.
   c. inercia.

El día siguiente salimos juntos a buscar un genealogista, lo cual sólo se pudo hacer preguntando de amigo en amigo y de conocido en conocido: le encontramos por fin, y el buen señor, asombrado de ver nuestra impaciencia, declaró francamente que necesitaba tomarse algún tiempo. Nos dijo definitivamente que nos diéramos una vuelta por allí dentro de unos días. Me sonreí y nos marchamos. Pasaron tres días; fuimos.

criada sirvienta

 — Vuelva usted mañana — nos respondió la criada° —, porque el señor no se ha levantado todavía.

amo señor

 — Vuelva usted mañana — nos dijo al siguiente día —, porque el amo° acaba de salir.

 — Vuelva usted mañana — nos respondió al otro —, porque el amo está durmiendo la siesta.

no está en limpio no está preparado
noticia información
apellido *last name*
pruebas *evidence, proof*
desesperado *desperate*
averiguar encontrar la información, saber

 — Vuelva usted mañana — nos respondió el lunes siguiente —, porque hoy ha ido a los toros.

 ¿Qué día, a qué hora se ve a un español? Le vimos por fin, y vuelva usted mañana — nos dijo —, porque se me ha olvidado. Vuelva usted mañana, porque no está en limpio°.

 A los quince días ya estuvo listo; pero mi amigo le había pedido una noticia° del apellido° Díez, y él había entendido Díaz, y la noticia no servía. Esperando nuevas pruebas,° nada dije a mi amigo, desesperado° ya de averiguar° quienes eran sus abuelos.

Segundo paso: Ahora, leamos

Complete las frases con las palabras adecuadas según el contexto del cuento.

1. Los dos hombres van primero a ver a _____ .
2. El extranjero le dice que tiene prisa pero el genealogista le responde que _____ .
3. Cuando llegan a la casa del genealogista, la criada le dice al extranjero que _____ .
4. Las cuatro excusas que la criada le da al extranjero son _____ , _____ , _____ y _____ .
5. Cuando por fin ven al genealogista, él dice que _____ .
6. A los quince días, la noticia está preparada, pero el problema es que el genealogista no tenía _____ .

traductor intérprete

Para las proposiciones que pensaba hacer, había sido preciso buscar un traductor°; por los mismos pasos que el genealogista nos hizo pasar el traductor; de mañana en mañana nos llevó hasta el fin del mes. Averiguamos que necesitaba dinero diariamente para comer, con la mayor urgencia; sin embargo, nunca encontró un momento oportuno para trabajar.

avisaban decían
faltaban no podían asistir

Sus conocidos y amigos no le asistían a una sola cita, ni avisaban° cuando faltaban,° ni respondían a sus cartas. ¡Qué formalidad y qué exactitud!

— ¿Qué le parece esta tierra, monsieur Sans-délai? — le dije al llegar a estas pruebas.

— Me parece que son hombres singulares . . .

gobierno government

(Por fin el francés tiene los documentos que necesita y va a la oficina de un oficial del gobierno° para solicitar el permiso de invertir dinero en algún proyecto comercial en España.)

éxito success

A los cuatro días volvimos a saber el éxito° de nuestra solicitud.

— Vuelva usted mañana — nos dijo el portero —. El oficial no ha venido hoy.

le habrá detenido must have detained him

— Grande causa le habrá detenido° — pensaba yo. Nos fuimos a dar un paseo, y nos encontramos, ¡qué casualidad!,° al oficial en el Parque del Retiro, ocupadísimo en dar una vuelta con su señora al hermoso sol de los inviernos claros de Madrid.

¡qué casualidad! what a coincidence!

Martes era el día siguiente, y nos dijo el portero:

— Vuelva usted mañana, porque el señor oficial no da audiencia hoy.

habrán cargado must have fallen

— Grandes negocios habrán cargado° sobre él — dije yo.

echar una ojeada mirar rápidamente

Como soy el diablo busqué ocasión de echar una ojeada° por el agujero de una cerradura.° El oficial estaba fumando un cigarrillo y con un crucigrama° del *Correo* entre manos.

agujero de una cerradura keyhole
crucigrama crossword puzzle

— Es imposible verle hoy — le dije a mi compañero —; el oficial está, en efecto, ocupadísimo.

Por último, después de cerca de medio año de *volver* siempre mañana, la solicitud del francés salió con una notita al margen que decía:

a pesar de despite

A pesar de° la justicia y utilidad del plan del Señor Sans-délai, *negado*.

2 ¡No haga Ud. hoy lo que puede dejar para mañana!

Decida si las frases son verdaderas o falsas.

1. Para su negocio, el extranjero necesita un intérprete.
2. Este intérprete siempre trabaja y nunca descansa.
3. Nadie llega ni dice por qué no llega a las reuniones con el extranjero.
4. Finalmente el francés recibe los documentos que necesita y va a solicitar permiso para empezar un negocio.
5. Cuando los dos hombres vuelven a saber el éxito de la solicitud, el oficial no está.
6. Encuentran al oficial en un restaurante.
7. La segunda vez que van a la oficina del oficial, él está en su oficina, pero el recepcionista dice que no está.
8. El plan del francés es aceptado por el gobierno español.

— ¡Ah, ah!, monsieur Sans-délai — exclamé riéndome a carcajadas —; éste es nuestro negocio.

Pero monsieur Sans-délai se puso muy enojado.

— Me marcho, señor — me dijo. En este país *no hay tiempo* para hacer nada; sólo me limitaré a ver lo que haya en la capital de más notable.

— ¡Ay! mi amigo — le dije —; váyase en paz,° no pierda la poca paciencia que le queda; mire que la mayor parte de nuestras cosas no se ven.

— ¿Es posible?

— ¿Nunca me ha de creer? Acuérdese de los quince días . . .

Un gesto de monsieur Sans-délai me indicó que no le había gustado el recuerdo.

— *Vuelva usted mañana* — nos decían en todas partes —, porque hoy no se ve.

Se asombraba mi amigo cada vez más, y cada vez nos comprendía menos. Días y días tardamos en ver los pocos sitios turísticos que tenemos guardados.° Finalmente, después de medio año largo, si es que puede haber un medio año más largo que otro, el francés volvió a su patria maldiciendo de esta tierra, llevando al extranjero noticias excelentes de nuestras costumbres; diciendo sobre todo que en seis meses no había podido hacer otra cosa sino *volver siempre mañana,* y que después de tanto *mañana,* eternamente futuro, lo mejor, o más bien° lo único que había podido hacer bueno, había sido marcharse.

en paz *in peace*

guardados *preserved, kept*

más bien *rather*

Complete las frases con las palabras adecuadas según el contexto del cuento.

1. El francés está _____ y el español _____ .
2. El francés decide _____ después de ver _____ .
3. El francés quedó _____ en España.
4. La única cosa que pudo hacer el francés en España era _____ .

Tercer paso:
Volvamos a leer

Vuelva Ud. al ensayo y léalo por lo menos una vez más. Corrija las respuestas de las pruebas. Si hay errores, lea el trozo que malentendió hasta entenderlo.

▼
**¿Comprendió
Ud. la lectura?**
▲

A **¿Cuánto recuerda Ud.?** Termine las frases según el contenido de la lectura. Trate de usar sus propias palabras.

Modelo: Según el narrador, los extranjeros tienen . . .
*Según el narrador, los extranjeros tienen ideas incorrectas y
exageradas de otras culturas o de otros países.*

1. El hombre francés fue a España para . . . .
2. El español trató de persuadirle al francés que . . . .
3. El plan del francés incluye . . . , lo que piensa terminar en . . . .
4. La diferencia de opinión entre el francés y el español respecto al plan del francés consiste en . . . .
5. Lo que pasa con el genealogista incluye . . . .
6. Cuando por fin se encuentran con el genealogista, el problema es que . . . .
7. Los conocidos y los amigos del francés nunca . . . .
8. El resultado de la solicitud para un proyecto comercial es . . . .
9. Nunca ven al oficial del gobierno porque . . . .

¡Ojalá no le moleste a Ud. hacer cola! 10. El francés decide marcharse porque . . . .

B **Prueba de vocabulario.** Usando las siguientes palabras, escriba frases que resuman la lectura. Puede usar una palabra emparentada.

Modelo: negado / negar / innegable
*La solicitud del francés fue **negada**. El gobierno **negó** la
solicitud del francés. La desilusión del francés es **innegable**.*

1. el asunto
2. pensar + *infinitivo*
3. la solicitud / solicitar / solicitado
4. el extranjero / extranjero

5. tardar en / la tardanza / tarde
6. el conocido / conocer / el conocimiento
7. maldecir / maldito

2 **¡No haga Ud. hoy lo que puede dejar para mañana!**

C **Analicemos el ensayo.** Formen Uds. grupos pequeños para hablar de estas ideas. Después, compartan sus ideas con las de toda la clase.

1. la crítica que hace Larra de su propio país y cultura
2. la manera en que Larra hizo esta crítica
3. por qué critica alguien su país
4. la tendencia a hacer generalizaciones de una cultura
5. la inhabilidad de hacer algo; la inercia y los resultados
6. la actitud del hombre francés y su plan
7. la necesidad o no de conocer otras culturas
8. algunas características de la sociedad francesa que menciona Larra
9. las diferencias entre el mundo de negocios de España hoy y el de la España del siglo XIX que criticó Larra
10. el uso del humor y de la exageración y sus efectos en la lectura

D **Solicitamos su opinión.**

1. ¿Cómo reaccionaría Ud. en esa situación? ¿Saldría Ud. como el francés?
2. ¿Le gusta a Ud. hacer las cosas a tiempo, antes de lo necesario o tarde?
3. ¿Es más fácil posponer sus responsabilidades o es mejor hacerlas pronto? ¿Qué cosas hace siempre a tiempo? ¿Qué actividades pospone Ud. con frecuencia? ¿Por qué?
4. ¿Cuáles son algunas ideas que tienen los extranjeros sobre los EE.UU.? ¿Tienen razón o no? Explique.
5. ¿Cuáles son las responsabilidades diarias que no le gustan? ¿Las que sí le gustan?
6. ¿Dice Ud. muchas veces "Vuelva Ud. mañana" o no? ¿Cómo reacciona Ud. cuando oye esta expresión?
7. ¿Puede Ud. compartir una situación en la que tardó en hacer algo?
8. ¿Hay beneficios que resulten de la inercia? ¿Cuáles son?
9. ¿Cree Ud. que la procrastinación (la "mañanitis") es una enfermedad universal? ¿Es posible estar demasiado organizado(a) y preparado(a)? Explique.
10. ¿Cómo se siente Ud. cuando finalmente hace una tarea que ha pospuesto muchas veces?
11. ¿Qué racionalizaciones usamos para justificar nuestra "mañanitis"?

E **Debate.** Formen grupos. Un grupo debe defender las ideas siguientes y el otro debe criticarlas.

1. La inercia es mejor que la actividad excesiva.

2. La actividad produce *stress* y la inercia permite el descanso.

3. No es posible hacer generalizaciones sobre una cultura.

4. Larra no fue patriota. Un patriota nunca debe criticar su propio país. Tiene la responsabilidad de defenderlo siempre.

5. Los estereotipos nunca son válidos.

F **Temas escritos**

1. En su opinión, ¿cuál es una tendencia general que necesita mejorarse? Escriba Ud. un ensayo como el de Larra en que Ud. critica algo de la sociedad estadounidense, de la universidad, de la juventud norteamericana, etc. Trate de incluir el humor en su crítica.

2. En una composición bien pensada y desarrollada, defienda o ataque el refrán "No deje para mañana lo que puede hacer hoy" (o "No haga hoy lo que puede dejar para mañana").

3. ¿Cuál es el papel de la España moderna en la sociedad? Pídale información a su profesor(a) o vaya a la biblioteca para encontrar información sobre la España moderna. Escriba una comparación y / o contraste entre la España de Larra y la de hoy.

Respuestas a las pruebas

p. 19   1. V   2. F   3. V   4. V   5. V   6. V

p. 20   1. a   2. c   3. a   4. a   5. b   6. b   7. c

p. 22   1. un genealogista
2. necesita más tiempo
3. vuelva mañana
4. no se ha levantado todavía, acaba de salir, está durmiendo la siesta, ha ido a los toros
5. no está preparada la información
6. el apellido correcto

p. 23   1. V   2. F   3. V   4. V   5. V   6. F   7. V   8. F

p. 23   1. furioso / ríe
2. volver a casa, Madrid
3. medio año (6 meses)
4. volver siempre mañana

CAPÍTULO 3

La mujer en la sociedad

▼

¿Ha cambiado el papel de la mujer en la sociedad o no? ¿Y el del hombre? La respuesta a esta pregunta depende del individuo y de sus decisiones respecto a su propia vida.

En muchos lugares, el papel de la mujer es exactamente el que era antes: ama de casa, encargada de los niños, de las comidas y del bienestar de su hombre. A menudo, los niños seguirán practicando estos modelos porque no saben otras maneras de comportamiento.

El drama que Ud. va a leer en este capítulo, "Papá y mamá", nos presenta esta situación.

¿Qué ve Ud. en el dibujo?

▼

¿Qué hacen los niños? ¿A qué juegan?

▼

¿De dónde aprenden ellos a jugar este "juego"?

▼

¿Jugaba Ud. a esto cuando era niño(a)?

▼

¿En qué consistiría este juego hoy?

▲▲▲▲▲▲▲▲▲▲

Sustantivos

▶ **el (la) cocinero(a) (la cocina, cocinar):** la persona que prepara las comidas
Juanita empleó a **una cocinera** porque no quería preparar las comidas.

▶ **la dicha (dichoso[a]):** la felicidad
Para algunas personas, **la dicha** es casarse y tener una familia.

▶ **el golpe (golpear):** una sensación física causada por alguien, muchas veces con la mano
La esposa siempre tenía miedo de **los golpes** que recibía de su esposo.

▶ **el acomodo (acomodar):** un cambio en algo para hacerlo más apropiado
Para empezar el juego, Juanita necesita hacer **un acomodo** de los juguetes.

Verbos

▶ **callarse (callado[a]):** no hablar, cerrar la boca
El esposo no quería escuchar más; le dijo a su esposa que **se callara** inmediatamente.

▶ **asustarse (asustado[a], el susto):** tener miedo
Juanita **se asustaba** cuando Ramoncito se ponía furioso.

▶ **flojear (flojo[a]):** no usar todos los esfuerzos o las habilidades para trabajar
La sirvienta está **flojeando.** Es necesario buscar otra que trabaje más.

▶ **quejarse (de) (la queja):** hablar negativamente de algo
Siempre **te quejas.** Si no te gusta, sal pues.

▶ **coser:** unir o reparar dos materiales con las manos, con una máquina o con instrumentos apropiados (aguja e hilo)
Mamá, ¿puedes reparar mis pantalones? ¿Sabes **coser**los?

Adjetivos

▶ **fijo(a) (fijar, fijarse):** inmóvil; observar con atención
El bebé, con los ojos **fijos** en sus hermanos, miraba toda la acción.

▶ **fingido(a) (fingir):** imaginario, especialmente en los juegos de niños
Juanita fue a hablar con la cocinera **fingida.**

▶ **apurado(a) (apurarse, el apuro):** que tiene prisa, no puede descansar
El esposo está **apurado**; tiene que estar en el teatro en treinta minutos y no ha comido todavía.

▶ **celoso(a) (los celos):** envidioso, que quiere mucho lo que tiene otra persona
El bebé está **celoso**; no recibe toda la atención que recibe su hermano.

Expresiones

▶ **lo mismo da:** es la misma cosa para mí, no hay diferencia
Yo soy la mamá y la cocinera. **Lo mismo da.**

▶ **tener que ver con:** estar relacionado con otra cosa
Sus acciones **tienen que ver con** su deseo de dominar a su esposa.

Complete las frases con la forma correcta de las palabras emparentadas dadas a continuación.

> **Modelo: flojear, flojo**
> *El esposo le dice a su esposa que **flojea** mucho.*
> *En realidad, él es más **flojo** que ella.*

1. **el cocinero, la cocina, cocinar**
   Ramoncito está en _____ ahora. Dice que va a ser _____ hoy. _____ algo muy especial.

2. **el acomodo, acomodar**
   Nosotros _____ los muebles, ¿qué te parece? Si hacemos _____ , el juego será más divertido.

3. **callarse, callado**
   La esposa es una mujer muy _____ . Es que su esposo siempre le dice que _____ .

4. **celoso, los celos**
   ¿No crees que _____ son algo terrible en un matrimonio? Las personas _____ casi siempre son inseguras.

5. **apurado, apurarse, el apuro**
   Juanita, ¿por qué estás tan _____ ? ¡No _____ tanto! _____ constante no sirve para nada. ¡Descansa un poco!

6. **asustarse, asustado, el susto**
   ¡Qué _____ me diste! No te vi entrar. Yo no _____ fácilmente por regla general, pero todavía estoy _____ .

7. **quejarse, la queja**
   Ramón, ¿por qué _____ tú tanto? Tengo que admitir que estoy harta de *(fed up with)* escuchar tus _____ constantes.

Adivine los significados de los cognados siguientes que vienen del drama "Papá y mamá". Luego, conteste las preguntas que siguen.

esposa	entusiasmo	ocupada
constante movimiento	improvisando	vanidad
(una) inconsciente necesidad (de) imaginar y preparar	teatro	se alarma
	exasperado	

1. Which words suggest a game that is being played by children?

2. How can the words **constante movimiento** be applied to both a child and the word **esposa**?

Juguemos con las palabras

▶ Eduardo Barrios has used several diminutives in the drama you are going to
read. The most common endings for dimunitives are **-ito(a)** and **-cito(a).** By
adding these suffixes, the ideas of smallness, cuteness, or affection are implied.
If a word ends in a vowel, the vowel is dropped and **-ito(a / os / as)** is added. If
the word ends in a consonant, **-cito(a / os / as)** is often added. These rules may
change from country to country.

Form the diminutives of these words and guess their meanings:

Word	Meaning	Diminutive (Add **-ito / a / os / as**)	Meaning
una rama	*branch*	_____	_____
Juana	*Juana*	_____	_____
unas cajas	*some boxes*	_____	_____
unos palos	*some sticks*	_____	_____
un abuelo	*grandfather*	_____	_____
una cabeza	*head*	_____*	_____
		(Add **-cito / a / os / as**)	
Ramón	*Ramón*	_____	_____
un hombre	*man*	_____	_____

▶ Past participles are often easy to recognize because they end in **-ado** for **-ar**
verbs and **-ido** for **-er** and **-ir** verbs (with the exception of a few irregular
forms). They can function as either adjectives or verbs. You will see the past
participles of the following verbs in the play. Try to form them by adding **-ado**
to the **-ar** verb stems and **-ido** to **-er** and **-ir** stems. Guess the meanings.

Verb	Meaning	Past Participle	Meaning
sentar	*to seat*	_____	_____
asombrar	*to surprise*	_____	_____
enojar	*to anger*	_____	_____
herir	*to wound*	_____	_____
aburrir	*to bore*	_____	_____

As you read "Papá y mamá," look for more past participles.

*Spelling change needed.

Primer paso:
Preparémonos para leer

▼

Reading for information

▲

During the first reading of an article, story, play, or poem, the reader must be able to answer some basic questions before proceeding to an interpretation of the piece. These questions deal with the identity of the characters, the nature of the action, the time and location of the action, and the reason for the action. These basic questions — *who, what, when, where, how,* and *why* — should be answered upon completion of the first reading. Without the answers to these questions, it is very difficult, and sometimes impossible, to proceed to a deeper understanding of what is being read. Before reading "Papá y mamá," review these interrogatives.

¿Quién?, ¿Quiénes? *Who?, Whom?* **¿Cómo?** *How?*
¿Qué? *What?* **¿Por qué?** *Why?*
¿Cuál? *Which?, What?* **¿Dónde?** *Where?*
¿Cuándo? *When?*

▼

Apliquemos la estrategia

▲

Presented below is a paragraph from the text you are about to read. Following the selection is a list of questions, both general and specific. Start by skimming the paragraph and then looking at the questions. See how many you can answer without going back to the text. Continue to reread the paragraph until you can answer all of the questions. When you have finished, look at the questions that took you the most readings to answer. Do you need to practice more with the vocabulary? Are you focusing too much on generalities and not enough on specifics? Are you paying attention to the grammar? These are the areas on which you will want to focus in future readings.

After doing this exercise, test yourself with other paragraphs. Read each paragraph and jot down all of the information you can remember. Go back to the paragraph and see if you've included all of the essential information.

humildes hogares casas modestas
farol luz
muro pared
sombra *shadow*
un rato período corto de tiempo
acera *sidewalk*
¿Añora? *Does she yearn?*
marca el paso al silencioso ejército de las horas *marks the step of the silent army of hours*

Es de noche en la paz de una calle de humildes hogares°. Un farol°, detrás de un árbol, alumbra el muro°. Cerca se abre la ventana de la salita modesta, en cuya sombra° se ve a la joven esposa sentada en el balcón, con los ojos como fijos en pensamientos. ¿Qué piensa la esposa todas las noches a esa hora, cuando el marido, después de comer, sale? ¿Qué piensa todas las noches sentada en el balcón, mientras la criada lava dentro los platos y los niños juegan un rato° en la acera?° ... ¿Añora?° ¿Sueña? ... ¿O simplemente escucha el péndulo que en el misterio de la sombra marca el paso al silencioso ejército de las horas?°

1. ¿Cuándo ocurre el cuento?

2. ¿Dónde ocurre el cuento? Describa el lugar.

Primer paso: Preparémonos para leer 31
▲

3. ¿Quiénes son los personajes *(characters)* presentados? ¿Dónde está cada uno?

4. ¿Qué hace cada personaje?

5. ¿Por qué está sola la mujer?

6. ¿Cuál es el título? ¿Qué tiene que ver con este párrafo?

7. ¿Cuál es el tono del párrafo? Explique.

8. Escriba un resumen corto (dos o tres frases) del párrafo.

▼
**Anticipemos
un poco**
▲

1. This story deals with two young children, Ramoncito and Juanita, who are playing games on the sidewalk after dinner. What kinds of games might they play?

2. The two children finally decide to play "house." Describe the roles each might have in this game. Whom would they imitate? What types of things might they imitate?

3. This drama also deals with the roles of men and women in a family. What general attitudes and behaviors might children pick up by observing their parents? What types of activities would you associate with men and women in a family?

Se ve en estas fotos cómo los niños imitan a sus padres. Cuando Ud. era niño(a), ¿tenía una persona a quién Ud. imitaba como ejemplo de cómo comportarse? ¿Quién era? ¿Todavía quiere Ud. comportarse como él (ella)?

Segundo paso:
Ahora, leamos

Eduardo Barrios (1884 – 1963) fue un escritor chileno que se interesaba mucho por la sicología de sus personajes. Escribió muchas novelas: El niño que enloqueció de amor *(1915), que trata de un niño locamente enamorado de una mujer que finalmente se vuelve loco;* El hermano asno *(1922), que nos presenta a Fray Rufino, quien se destruye; y* Un perdido *(1917), en que Lucho, el protagonista, se pierde en una vida llena de vicio y sufrimiento. En este cuento, también vamos a apreciar sus observaciones de la vida chilena y de la sicología de los personajes.*

Papá y mamá
Eduardo Barrios
▲▲▲▲▲▲▲▲▲

humildes hogares casas modestas

farol luz

muro pared

sombra *shadow*

un rato período corto de tiempo

acera *sidewalk*

¿Añora? *Does she yearn?*

marca el paso al silencioso ejército de las horas *marks the step of the silent army of hours*

redonda de forma circular

estampas momentos

nene bebé

umbral *threshold*

ha mudado ya los dientes tiene los dientes de adulto

sus piernecillas *his little legs*

paquetitos de tierra, y botones, y cajas de fósforos, y palitos *little packages of dirt, and buttons, and matchboxes, and little twigs*

Es de noche en la paz de una calle de humildes hogares.° Un farol,° detrás de un árbol, alumbra el muro°. Cerca se abre la ventana de la salita modesta, en cuya sombra° se ve a la joven esposa sentada en el balcón, con los ojos como fijos en pensamientos. ¿Qué piensa la esposa todas las noches a esa hora, cuando el marido, después de comer, sale? ¿Qué piensa todas las noches sentada en el balcón, mientras la criada lava dentro los platos y los niños juegan un rato° en la acera?° . . . ¿Añora?° ¿Sueña? . . . ¿O simplemente escucha el péndulo que en el misterio de la sombra marca el paso al silencioso ejército de las horas?°

Es plácida, la noche. El cielo, claro, las nubes, transparentes, y, muy blanca y muy redonda°, la luna que recuerda viejas estampas° de romanticismo y de amor.

Dos niños juegan en la acera: Ramón y Juanita. Un tercero, nene° que aún no anda, sentado en el umbral° de la puerta de calle, escucha sin comprender y mira con ojos maravillados. Ramoncito ha mudado ya los dientes°; es vivo, habla mucho, y sus piernecillas° nerviosas están en constante movimiento. Juanita es menor. Sentada como el nene sobre la piedra del umbral, acomoda en un rincón de la puerta paquetitos de tierra, y botones, y cajas de fósforos, y palitos° . . .

Juegan a la gente grande, porque ellos, como todos los niños, sienten, sobre todo en las noches, una inconsciente necesidad de imaginar y preparar la edad mayor.

Decida si las frases son verdaderas o falsas.

1. La familia vive en una casa elegante en un barrio elegante.

2. La esposa trabaja en la cocina y el esposo juega con los niños.

3. Los tres niños están en la acera jugando a la gente grande.

detiéndose parándose
bolsillos *pockets*
almacén tienda en que se vende de todo

listo preparado
a las compras *shopping*

Ramoncito: *(deteniéndose° frente a su hermana, con las manos en los bolsillos° y las piernas abiertas)* ¿A qué jugamos, por fin?

Juanita: Ya, ya está el almacén° listo°. *(Y cambia la posición de los botones y las cajitas.)*

Ramoncito: Pero ¿vamos a jugar otra vez a las compras?°

Juanita: Es claro, sigamos. Yo soy siempre la madama, y tú me sigues comprando. ¿No ves que mucha gente de todas estas casas no me ha comprado nada todavía? . . .

Ramoncito: Mira, mejor juguemos a otra cosa. Siempre al almacén, aburre.

palmoteando aplaudiendo
anteojos *eyeglasses*

Juanita: *(palmoteando°)* Al abuelito ¿quieres? A contar cuentos.

Ramoncito: Oye ¿para qué le servirán los anteojos° al abuelito?

Juanita: ¡Tonto! Para ver.

encima de *over*

Ramoncito: Así decía yo; pero ¿no te has fijado que para hablar con uno mira por encima de° ellos y para leer se los pone sobre la frente?

Juanita: Cierto. ¿Para qué le servirán los anteojos al abuelito?

Ramoncito: Bueno, bueno. Juguemos . . . a . . .

Juanita: ¿A la casa?

Ramoncito: Sí.

Juanita: *(con creciente entusiasmo)* ¿Al papá y a la mamá? Yo soy la mamá o la cocinera. . . Lo mismo da, como tú quieras. Las dos, puedo ser las dos.

bastón *walking stick*
ramita seca *dry branch*
recoge *picks up*

Ramoncito: *(improvisando un bastón° con una ramita seca° que recoge° del suelo)* Yo, el papá. Llego del trabajo, a comer, pidiendo apurado la comida, que tengo que ir al teatro. ¿Te parece?

Juanita: Espléndido.

largos pasos *long steps*
resuenan *echo, sound*

Y empieza otra vez la animación. La chica da nuevo acomodo a las cajas de fósforos y agrupa los botones. Entre tanto, Ramoncito, a largos pasos° que resuenan° en la acera, vuelve otra vez a la esquina.

Complete las frases con las palabras adecuadas según el contexto del cuento.

1. Primero Juanita sugiere que jueguen _____ .

2. Ramoncito no quiere jugar al almacén porque es _____ .

3. La segunda sugerencia de Juanita es que jueguen _____ .

4. La última sugerencia es que jueguen _____ .

5. Juanita va a hacer el papel de _____ o de _____ .

6. Ramoncito, el papá, va a fingir que _____ y que _____
porque tiene que _____ .

_____

Ramoncito: ¿Está lista la comida, Juana? . . . Pronto, ligerito, que tengo que salir.

Juanita: Voy a ver, Ramón, voy a ver . . . Esta cocinera trabaja tan despacio. *(Se vuelve hacia su fingida cocinera y pregunta:)* ¿Mucho le falta, Sabina? ¿Sí? . . . ¡Ave María!

asombrado *sorprendido*

frunce el ceño *he frowns*

El chico levanta los brazos, asombrado°. Luego frunce el ceño°, se ha enojado de repente.

Ramoncito: ¡Qué! ¿No está lista todavía esa comida?

déjeme a mí *permítame (hacerlo)*

el huevo, la harina *the egg, the flour*

eche más carbón *turn up the heat*

¡Habráse visto! *¿Se puede creer esto?*

se mata uno *one kills himself*

Juanita: Ten paciencia, hijo, por Dios . . . A ver, mujer, déjeme a mí°. Páseme el huevo, la harina° . . . Eche más carbón° . . .¡Viva, anímese!

Ramoncito: *(que ha empezado una serie de furiosos paseos, bastón en mano, exasperado)* ¡Habráse visto°, hombre! ¡Qué barbaridad! Se mata uno° el día entero trabajando, para llegar después a casa y no encontrar ni siquiera la comida lista. ¡Caramba!

Juanita: *(riendo)* Así, así, muy bien.

Ramoncito: *(en un paréntesis)* No hables de otra cosa. Ahora eres la mamá y nada más. *(De nuevo hablando como marido furioso:)* ¿En qué pasan el día entero dos mujeres, digo yo?

Juanita: Cosiendo, hijo, y lavando y . . .

Ramoncito: Nada. Mentira. Flojeando. ¡Brrr!

freír *to fry*

Juanita: ¡Dame tu santa paciencia, Dios mío! . . . ¡Chss! *(Muy ocupada, finge freír° un huevo en un botón.)*

Me das risa. *You make me laugh.*

aguantar *tolerar*

Ramoncito: Paciencia . . . Me das risa°. Tengo hambre y estoy apurado . . . apurado ¿oyes? Trabajo como un bruto y llego muerto de hambre. ¡Ah! Ya esto no se puede aguantar°.

aceite *oil*

¡Ah, y cásese usted! *¡Y se dice que es bueno casarse!*

Juanita: *(que finge freír el huevo con loco entusiasmo)* ¡Chsss! Y . . . este aceite°. Dios mío, no sé qué tiene . . . ¡Chssss!

Ramoncito: ¡Buena cosa! . . . Está muy bien, muy bien . . . ¡Ah, y cásese usted!° *Sus pasos se hacen cada vez más furiosos.*

Juanita: No te quejes así. Y a los niños, a estos demonios ¿quién los lava, quién los viste, quién les cose, quién?

Ramoncito: ¡Basta! Lo de siempre. Yo no tengo nada que ver con eso.

se me queman las lentejas *the lentils are burning*

Juanita: Pero es que . . . ¡Uy, que se me queman las lentejas°! . . . Pero es que, por un lado, estos niños; por otro lado, la calma de esta mujer . . .

Ramoncito: *(enojado)* Si la Sabina es floja, buscas otra criada. ¡Caramba!

Juanita: Cuidado, Ramón, que cuesta mucho encontrar sirvientes.

ama de casa *housewife*

Ramoncito: ¡Qué sé yo! Tú sabrás. Podías aprender de mi madre, ya te lo he dicho. Esa sí que es ama de casa°.

Como Juanita calla, sin saber qué responder, el chico la ayuda.

1. Cuando entra Ramón, pide
   a. ver a los niños.
   b. la comida porque tiene que salir.
   c. un beso.

2. Ramón está enojado porque
   a. él no puede preparar la comida.
   b. tiene que ir al teatro.
   c. no está lista la comida.

3. Una de las quejas de Ramón es que
   a. los niños hacen mucho ruido.
   b. trabaja mucho durante el día y espera encontrar la comida en la mesa cuando vuelve.
   c. la sirvienta trabaja demasiado rápidamente.

4. Ramón le recomienda a Juana que
   a. busque otra sirvienta.
   b. aprenda a cuidar mejor a los niños.
   c. busque trabajo.

5. Según Ramón, Juana puede aprender mucho de
   a. él.
   b. la madre de Ramón.
   c. la sirvienta.

Enójate un poco tú también. *You get angry, too.*	**Ramoncito:** Enójate un poco tú también.° Dime así, rezongando°: «Ya me tienes loca con lo mucho que sabe mi suegra.° Ella será un prodigio°; pero yo, hijo ¿qué quieres? . . . una inútil . . .» La chica suelta una carcajada.°
rezongando *grumbling*	
suegra *mother-in-law*	**Juanita:** ¡De veras! No me acordaba.
prodigio una maravilla	**Ramoncito:** Dilo, pues. No sabes jugar.
suelta una carcajada ríe mucho	**Juanita:** *(entre dientes)* «Ya me tienes loca con lo mucho que sabe mi . . .»
cuchara *spoon*	**Ramoncito:** *(enojado, sin dejarla concluir)* ¿Qué? ¿Rezongas? **Juanita:** Páseme esa cuchara,° Sabina.
¡Qué genio! *What a temper!*	**Ramoncito:** No, no. Ahora me debías contestar: «¡Ave María! ¡Qué genio!° Debes estar otra vez enfermo. Es tiempo de que tomes otro purgantito°» . . . No sabes, no sabes jugar.
purgantito medicina	**Juanita:** Espérate. Ahora sí, verás.
	Ramoncito: *(más enojado)* ¡Enfermo! Siempre la culpa ha de ser mía. ¡A casarse, casarse! Para gastar, para eso se casa uno. Así les digo a mis amigos: Cásense y verán . . .
enviudar *to become a widower*	**Juanita:** *(con viveza)* Se te olvida una cosa: «¡Ah, si yo tuviera la dicha de enviudar°!». Y entonces yo te contesto: «No tendrás ese gustazo°».
gustazo gran placer	
herido ofendido	Pero el hombrecito se siente herido° en su vanidad por la lección y, levantando el palo,° amenazante,° grita:
palo *stick*	
amenazante *threatening*	

Ramoncito: ¡¡¡Callarse!!!

Juanita: Veamos ahora la carne, Sabina . . . *(respondiéndose a sí misma)* Ya está, señora . . .

Ramoncito: ¡Ay, ay, ay! ¡Linda vida, ésta! . . . En la oficina, aguantar al jefe; en la calle, los ingleses; en el tranvía, las conductoras hediondas,° las viejas que han de ir todos los días a misa, nada más que para hacer viajar de pie a los hombres, que vamos al trabajo . . . o las chicas, que se van a gastar en las tiendas lo que a los padres nos cuesta . . . nuestro sudor.°

Juanita: ¡Ah, si tuvieras la dicha de enviudar! . . .

Ramoncito: ¡Imbécil! ¡Celosa! . . .

Juanita: ¿Celosa? Ya no, hijo; ya no soy la tonta de antes.

Ramoncito: ¡Callarse, he dicho!

Y levanta el palo, amenazante, terrible.

Juanita: *(en un nuevo paréntesis)* Oye, los golpes no los des de veras.

Ramoncito: ¡Silencio!¡¡¡Silencio!!! Estoy ya cansado, aburrido, loco . . . ¡loco! . . . ¡Brr!!

Da un golpe tremendo contra la puerta. La niña se asusta.

Juanita: *(realmente asustada)* Espero que no vayas a . . .

Ramoncito: *(repitiendo el golpe con mayor furia)* ¡Chit! ¡Callarse!

Juanita: *(seria)* No juguemos más ¿quieres?

Ramoncito: ¡Nada, nada! ¡Pronto, la comida, si no quieres que yo . . .

El palo cae repetidas veces sobre la puerta, zumba° alrededor de la cabecita de la niña, que se alarma cada vez más. El chico sigue echando chispas° y gritando. De pronto, con el palo alzado, se queda mirando a la fingida esposa. En sus ojos brilla una llama traviesa°: aquel brazo armado parece que va a caer en serio sobre la cabeza de la niña. Entonces Juanita tiene primero una sonrisa interrogativa, luego un gesto° de susto. El nene, asustado también, empieza a llorar°; y aquí Juanita, como iluminada de pronto por un recuerdo salvador,° coge° al nene en brazos, se levanta digna y altiva° y dice:

Juanita: ¡Ramón, respeta a tu hijo!

Reprinted with permission.

Decida si las frases son verdaderas o falsas.

1. Cuando Juanita no sabe responder, Ramoncito la ayuda en el juego.

2. Ramoncito critica a Juanita por no saber jugar bien.

3. Ramón no está contento de que sus amigos sugirieran que él se casara.

4. La vanidad de Ramoncito está herida cuando Juanita lo critica.

5. A Ramón le gustan los jefes, los ingleses y las conductoras.

6. De repente, Juanita se asusta porque cree que Ramoncito va a golpearle en realidad.

7. Juanita no puede evitar que Ramoncito le golpee.

hediondas de mal olor

sudor *sweat*

zumba *buzzes*
echando chispas *raving*
una llama traviesa *a mischievous spark*
gesto *gesture*
llorar *to cry*
salvador *saving*
coge *picks up*
altiva orgullosa

Segundo paso: Ahora, leamos

Tercer paso:
Volvamos a leer

Vuelva Ud. al cuento y léalo por lo menos una vez más. Corrija las respuestas de las pruebas. Si hay errores, lea el trozo que malentendió hasta entenderlo.

▼
¿Comprendió Ud. la lectura?
▲

A **¿Cuánto recuerda Ud.?** Conteste las preguntas de acuerdo con el desarrollo del cuento.

1. Describa la vida de la joven esposa presentada al comienzo del cuento.

2. ¿Dónde están los niños? ¿Qué hacen?

3. ¿Qué dicen los niños de los abuelos? ¿Tienen razón?

4. ¿Qué características tiene Ramoncito en su papel del papá? ¿Y Juanita en su papel de la mamá?

5. ¿Cuáles son las quejas que le hace Ramón a Juanita? Haga una lista.

6. ¿Cómo pasa el día la mamá, según Juanita?

7. ¿Qué dice Ramón del matrimonio?

8. ¿Qué dice Ramón de su vida o de la vida de los hombres en general? ¿Qué dice de las mujeres?

9. ¿Cómo está Ramón al final del cuento? ¿Qué hace?

10. ¿Cómo resuelve Juanita esta situación?

¿Cómo presenta este anuncio la función de las manos? ¿Cómo es diferente esta imagen de la del cuento?

B **Prueba de vocabulario.** Usando las palabras del vocabulario, escriba frases que revelen algo que ocurre en el cuento.

Modelo: fijo / fijarse

*Juanita **se ha fijado** en que su hermano está furioso.*
*Sus ojos están **fijos** en el palo.*

1. la cocinera / la cocina / cocinar
2. callarse / callado
3. asustarse / asustado
4. fingido / fingir
5. apurado / apurar
6. el golpe / golpear
7. lo mismo da
8. flojear / flojo
9. coser
10. la queja / quejarse de

Reaccionemos
▲▲▲▲▲▲▲▲▲▲

C **Analicemos el cuento.** Formen Uds. grupos pequeños para hablar de estas ideas. Después, compartan sus ideas con las del resto de la clase.

1. cómo será la vida de los padres de Ramoncito y Juanita
2. el cambio del nombre Juanita a Juana y de Ramoncito a Ramón
3. las causas de sus acciones (¿Dónde aprendieron a comportarse así?)
4. los papeles de los sexos presentados en este cuento y cómo son en realidad
5. el final del cuento
6. la violencia del cuento
7. jugar a la casa

D **Solicitamos su opinión.**

1. ¿Cree Ud. que Juanita y / o Ramoncito podrán llevar una vida diferente de la de sus padres cuando sean adultos? ¿Por qué sí o por qué no?
2. ¿Conoce Ud. a una familia como la del cuento? ¿Cuáles son las emociones de cada individuo de la familia? ¿Qué hacen estos individuos?
3. Si la mujer (el hombre) no trabaja fuera de la casa, ¿debe esperar la esposa (el esposo) que la comida está preparada, que la casa está limpia, etc.? Explique.
4. ¿Cuáles son las diferencias entre el papel de la mujer en la sociedad de hoy y el que se refleja en el cuento? ¿Y el papel del hombre? ¿Ha cambiado o no?
5. ¿Quién tiene más orgullo *(pride)*: la mujer o el hombre? Explique.
6. ¿Por qué son prototipos Juanita y Ramoncito? ¿Se puede aprender de sus acciones? ¿Qué se puede aprender?

E | **Debate.** Formen grupos. Un grupo debe defender las ideas siguientes y el otro debe criticarlas.

1. Juanita debe pedirle ayuda a su suegra para ser una esposa mejor.

2. Los niños aprenden mucho de sus padres. Si la vida de los padres es mala, también lo será la de los niños. Es un círculo vicioso.

3. La estructura de la familia ha cambiado mucho, y los niños son los que sufren.

F | **Temas escritos**

1. Comente Ud. esta cita del cuento: ". . . porque ellos, como todos los niños, sienten, sobre todo en las noches, una inconsciente necesidad de imaginar y preparar la edad mayor". ¿Qué quiere decir? ¿Está Ud. de acuerdo o no con la idea? Explique.

2. ¿Qué tiene que ver la sociedad con los cambios en la estructura de la familia? ¿En qué sentido son diferentes las responsabilidades de la mujer moderna? ¿del hombre moderno? ¿Cree Ud. que la institución de la familia es tan sagrada hoy en día como lo era antes? Explique su punto de vista en una composición bien pensada y desarrollada.

3. Suponga Ud. que acaba de conocer a la Juanita del cuento. ¿Qué recomendaciones le daría Ud. a Juanita? Escríbale una carta en la que Ud. le da algunas ideas para mejorar su situación.

Respuestas a las pruebas

p. 34   1. F   2. F   3. V

p. 35   1. a las compras (al almacén)

         2. aburrido

         3. al abuelito

         4. a la casa

         5. mamá, cocinera

         6. llega del trabajo, necesita la comida inmediatamente, ir al teatro

p. 36   1. b   2. c   3. b   4. a   5. b

p. 36   1. V   2. V   3. V   4. V   5. F   6. V   7. F

CAPÍTULO 4

El mundo moderno: no es para todos

▼

Todos sabemos que el mundo moderno sigue cambiando. Ahora, en vez de pequeños mercados, es más fácil ir a un supermercado grandísimo que lo contiene todo. Con estos cambios también se producen cambios de actitudes y valores. Para algunos, no hay problemas con la modernización del mundo.

Por otra parte, hay personas que no están contentas con los efectos de la modernización. La selección de este capítulo, "Walking Around", es un poema de Pablo Neruda que sugiere un gran descontento con el *status quo,* o sea, una búsqueda interior para encontrar el significado de la vida.

Describa la escena.

▼

¿Qué representa esta escena para Ud.?

▼

¿Le gusta a Ud. ir de compras?

▼

¿Por qué sí o por qué no?

▼

¿Cree Ud. que el mundo moderno es víctima del consumerismo? Explique.

▲▲▲▲▲▲▲▲▲▲

Juguemos con las palabras
▲▲▲▲▲▲▲▲▲▲

▼
Palabras en contexto
▲

Sustantivos

▶ **la ceniza (ceniciento[a]):** lo que queda después de fumar un cigarrillo
La Biblia dice que todos se reducen a **cenizas** después de morir; así se siente el hablante del poema en la vida.

▶ **el jardín:** un lugar donde crecen flores y legumbres
El hablante se ha cansado hasta de **los jardines**; no quiere verlos.

▶ **las mercaderías (el mercado):** cosas que se producen y se venden
Tal parece que **las mercaderías** representan un mal social para el hablante; para él, la existencia es mucho más que el consumerismo.

▶ **la sombra (sombrear):** la silueta de algo producida por ponerse enfrente de una luz
El hablante ni siquiera quiere ver su **sombra**; quizás sea un recuerdo de su propia mortalidad.

▶ **las tinieblas:** oscuridad, ausencia de luz; confusión
Según el hablante, todos vivimos en **las tinieblas**; no entendemos lo que pasa.

▶ **la desgracia (desgraciadamente, desgraciado[a], el [la] desgraciado[a]):** mala suerte, infelicidad
El hablante nos da la idea de que ha sufrido muchas **desgracias.**

▶ **la pena (penado[a]):** dolor emocional o espiritual
El hablante se siente muy solo, y eso le causa gran **pena.**

▶ **el hueso:** lo que forma el esqueleto de un animal
Todo animal de carne y **hueso** se vuelve ceniza. La mortalidad es inevitable.

▶ **el espejo:** un tipo de vidrio que refleja una imagen
El hablante sugiere que si nos miráramos profundamente en **el espejo**, no nos gustaría lo que veríamos.

Verbos

▶ **suceder (el suceso, lo sucedido):** lo que pasa u ocurre en el mundo, en la vida, etc.
Sucede que el hablante del poema se siente infeliz.

▸ **cansarse (el cansancio, cansado[a]):** fatigarse, cómo uno se siente después de trabajar mucho o no dormir bastante
El hablante está desilusionado, o sea, **se ha cansado** de su vida.

▸ **morir (ue) (la muerte, muerto[a]):** dejar de vivir, lo contrario de *vivir*
El hablante siente que se **está muriendo** de infelicidad.

▸ **odiar (el odio, odioso[a]):** detestar, aborrecer, disgustar profundamente
Parece que el hablante **odia** casi todo a causa de su gran infelicidad.

Adjetivos

▸ **espantoso(a) (espantar, el espanto):** que causa terror, miedo
Lo que pasa en las calles es **espantoso** para el hablante.

▸ **colgado(a) (colgar [ue]):** suspendido sobre algo, como una cortina sobre una ventana, por ejemplo
La imagen de ropa **colgada** de alambres en un barrio pobre es triste.

▼
Palabras emparentadas
▲

Complete las frases con las formas correctas de las palabras a continuación.

Modelo: la sombra, sombrear
*El hablante parece vivir en la **sombra** de la vida. Su tristeza profunda **sombrea** cualquier posibilidad de felicidad.*

1. **espantoso, espantar, el espanto**
El hablante cree que las calles son _____ . ¿Qué le causará esos sentimientos de _____ ? Parece que mucho le _____ al pobre hombre.

2. **el odio, odiar, odioso**
El hablante del poema tiene una actitud _____ hacia la vida. Parece que _____ casi todo. Algo le habrá pasado para causar un _____ tan profundo.

3. **suceder, el suceso, lo sucedido**
Es evidente que _____ que ha experimentado el hablante le han causado cierta pena. Si algo bueno le _____ , es posible que se sienta mejor. Frecuentemente es mejor olvidar _____ y continuar.

4. **cansarse, el cansancio, cansado**
El hablante siente un _____ tremendo. _____ de su vida miserable. También parece estar muy _____ al caminar por la ciudad.

5. **morir, la muerte, muerto**
Aunque el hablante declara que _____ de pena, no dice que preferiría estar _____ . _____ no es siempre la mejor solución a una vida de miseria.

6. **la desgracia, desgraciadamente, desgraciado, el desgraciado**
El hablante ha sufrido algunas _____ en su vida. Se siente muy _____ . _____ , él probablemente seguirá sufriendo si no hace algunos cambios para mejorar su vida. ¡Qué _____ más triste!

Juguemos con las palabras

Adivine los significados de los cognados siguientes que vienen del poema "Walking Around". Luego conteste las preguntas.

impenetrable	vacilante	hospitales	furia
navegando	extendido	calma	oficinas
establecimientos	tumba		

1. If the word **impenetrable** refers to the speaker in the poem, what does that suggest to you?
2. What does **navegando** suggest on a literal level? On a figurative level?
3. Which words suggest how the speaker is feeling?
4. Which words suggest the speaker's emotions?
5. Which words suggest modernization?

There are some false cognates in the reading selection. **Suceder** means "to happen," not "to succeed." **Tener éxito** means "to succeed." **La desgracia**, although sometimes used to mean "disgrace," also means "misfortune."

▶ The word **cansarse** and related forms appeared in the **Palabras en contexto** section. By adding the prefix **des-**, the opposite meaning is expressed. What does **descansar** mean?

▶ **La pena** refers to emotional pain; **el dolor** refers to physical pain.

▶ **Sólo** is an adverb meaning "only;" **solo(a)** is an adjective meaning "alone."

There are several stores mentioned in the poem you are about to read: **sastrerías, peluquerías, zapaterías.** The words for many stores end with the suffix **-ería.** See how many other store names you know.

▶ 1 ◀

Primer paso:
Preparémonos para leer

Authors choose words that have strong impact. Very often more common words could be used, but the impact of what the author wishes to convey would be lessened. This is especially important in poetry. The following literary devices are used in "Walking Around," the result being that the words have a greater impact on the reader.

▶ **La imagen** *(image)* evokes a mental picture or sensory reaction on the part of the reader. The use of imagery enables the reader to participate in what he or she is reading. Although the most common images are visual, the other senses can be involved.

▶ **La metáfora** (*metaphor*) is the likening of one object to another.

▶ **El símil** (*simile*) expresses a comparison using *like, as, so,* etc.

▶ **La sinécdoque** (*synecdoche*) is when part of something is used to refer to the whole, or the whole for a part.

▶ **La personificación** (*personification*) is attributing human qualities to a nonhuman thing or abstraction.

▼
Apliquemos la estrategia

lirio cortado *cut lily*
empuja *pushes*
pájaros *birds*
azufre una sustancia amarilla

raíz *root*
arde *burns*
vergüenza *shame*

1. Comment on the imagery in these examples taken from the poem you are about to read. What senses are involved?

    . . . sería delicioso asustar a un notario con un lirio cortado° . . .

    . . . Y me empuja° . . . a ciertas zapaterías con olor a vinagre, . . .

    . . . Hay pájaros° de color de azufre° . . .

2. Determine which literary devices are used in the following examples.

    . . . hay paraguas en todas partes, . . . y ombligos . . .

    . . . No quiero seguir siendo raíz° en las tinieblas . . .

    . . . Por eso el día lunes arde° como el petróleo . . .

    . . . hay espejos que debieran haber llorado de vergüenza° y espanto . . .

▼
Anticipemos un poco
▲

1. As the title of the poem suggests, this poem is about a person walking around what appears to be a city, or a well-developed town. What might he see?

2. The speaker in the poem is unhappy about his existence. How might what he sees affect how he feels?

3. How do you feel when you are walking around alone? What do you think about?

▶ 2 ◀

Segundo paso: Ahora, leamos

Pablo Neruda (1904–1973) fue un poeta chileno, uno de los más famosos de la literatura hispana. Hay más traducciones de su poesía que de cualquier otra. Neruda ganó el Premio Nobel de Literatura en 1971. Escribió de todo en su poesía: el amor, los sentimientos, el existencialismo, los himnos, etc. Este poema, "Walking Around", viene de una de sus obras más famosas, Residencia en la tierra.

Segundo paso: Ahora, leamos

▲

Walking Around

Pablo Neruda

▲▲▲▲▲▲▲▲▲

sastrerías *tailor shops*
marchito *withered*
cisne de fieltro *felt swan*
peluquerías *beauty salons*
llorar a gritos *to cry one's eyes out*
piedras *stones*
lana *wool*
anteojos *eyeglasses*
ascensores *elevators*
pies *feet*
uñas *fingernails*
pelo *hair*

Sucede que me canso de ser hombre.
Sucede que entro en las sastrerías° y en los cines
marchito°, impenetrable, como un cisne de fieltro°
navegando en un agua de origen y ceniza.

El olor de las peluquerías° me hace llorar a gritos.°
Sólo quiero un descanso de piedras° o de lana,°
sólo quiero no ver establecimientos ni jardines,
ni mercaderías, ni anteojos°, ni ascensores.°

Sucede que me canso de mis pies° y mis uñas°
y mi pelo° y mi sombra.
Sucede que me canso de ser hombre.

Escoja la respuesta más apropiada.

1. El hablante probablemente
   a. está solo.
   b. necesita comprar algo.
   c. busca a un amigo.

2. El hablante está
   a. contento.
   b. triste.
   c. descansado.

3. El hablante se cansa
   a. de su estilo de pelo.
   b. de sus anteojos.
   c. de lo que representa el progreso.

4. El hablante no quiere
   a. estar en el agua.
   b. comprar más cosas.
   c. existir.

---

asustar *espantar*
lirio cortado *cut lily*
monja *nun*
golpe de oreja *blow to the ear*
cuchillo *knife*

Sin embargo sería delicioso
asustar° a un notario con un lirio cortado°
o dar muerte a una monja° con un golpe de oreja°.
Sería bello
ir por las calles con un cuchillo° verde
y dando gritos hasta morir de frío.

4   El mundo moderno: no es para todos

El poeta critica la civilización en este poema. Se puede compararlo con un pájaro en una jaula. ¿Se siente Ud. así de vez en cuando?

raíz *root*
tiritando de sueño
   temblando de fatiga
tripas mojadas *wet
   entrails, guts*

No quiero seguir siendo raíz° en las tinieblas,
vacilante, extendido, tiritando de sueño,°
hacia abajo, en las tripas mojadas° de la tierra,
absorbiendo y pensando, comiendo cada día.

No quiero para mí tantas desgracias.
No quiero continuar de raíz y de tumba,
de subterráneo solo, de bodega° con muertos,
aterido°, muriéndome de pena.

bodega *grocery store*
aterido *frozen stiff*

Decida si las frases son verdaderas o falsas.

1. El hablante piensa en hacer algo violento.
2. El hablante quiere hacerse daño *(hurt)* a sí mismo.
3. El hablante quiere comer.
4. El hablante está muy inseguro de su propia existencia.
5. El hablante se siente muy solo.
6. El hablante quiere sufrir.

---

arde *burns*
cara de cárcel
   imprisoned face
aúlla *howls*
sangre *blood*

Por eso el día lunes arde° como el petróleo
cuando me ve llegar con mi cara de cárcel,°
y aúlla° en su transcurso como una rueda herida,
y da pasos de sangre° caliente hacia la noche.

Segundo paso: Ahora, leamos

empuja *pushes*

rincones ángulos interiores de una habitación

zapaterías tiendas donde se venden zapatos

grietas *cracks*

pájaros *birds*

azufre una sustancia amarilla

dentaduras dientes falsos

cafetera *coffeepot*

vergüenza *shame*

venenos *poisons*

alambre *wire*

calzoncillos *underwear*

lágrimas *tears*

Y me empuja° a ciertos rincones,° a ciertas casas húmedas.
a hospitales donde los huesos salen por la ventana,
a ciertas zapaterías° con olor a vinagre,
a calles espantosas como grietas.°

Hay pájaros° de color de azufre° y horribles intestinos
colgando de las puertas de las casas que odio,
hay dentaduras° olvidadas en una cafetera,°
hay espejos
que debieran haber llorado de vergüenza° y espanto,
hay paraguas en todas partes, y venenos,° y ombligos.

Yo paseo con calma, con ojos, con zapatos,
con furia, con olvido,
paso, cruzo oficinas y tiendas de ortopedia,
y patios donde hay ropas colgadas de un alambre:°
calzoncillos,° toallas y camisas que lloran
lentas lágrimas° sucias.

Reprinted with permission.

Complete las frases con las palabras adecuadas según el contexto del cuento.

1. Para el hablante, las calles son ——————— .

2. El hablante menciona que odia ——————— .

3. El hablante ve muchas cosas que le hacen sentirse ——————— .

4. Las emociones que el hablante siente al pasear son ———————
   y ——————— .

Las marcas de la sociedad consumerista deprimen al poeta. ¿Y a Ud.?

4   El mundo moderno: no es para todos

Tercer paso:
Volvamos a leer

Vuelva Ud. al poema y léalo por lo menos una vez más. Corrija las respuestas de las pruebas. Si hay errores, lea el trozo que malentendió hasta entenderlo.

▼

¿Comprendió Ud. la lectura?

▲

A **¿Cuánto recuerda Ud.?** Conteste las preguntas según lo que leyó en el poema.

1. ¿De qué se cansa el hablante? ¿Por qué?
2. ¿En qué lugares entra el hablante?
3. ¿Qué le pasa al hablante con las peluquerías?
4. ¿Qué no quiere ver el hablante?
5. ¿Qué quiere hacerles el hablante a un notario y a una monja?
6. ¿De qué se está muriendo el hablante?
7. ¿Adónde va el hablante?
8. ¿Qué ve el hablante por todas partes?
9. ¿Qué ve el hablante en los patios?
10. ¿Cómo se siente el hablante al fin del poema?

B **Prueba de vocabulario.** He aquí algunos grupos de palabras. Complete las frases con las formas correctas de las palabras según el contexto de la frase.

> **Modelo: las mercaderías, suceder**
> *Sucede que el hablante no quiere tener nada que ver con **las mercaderías** porque representan el progreso.*

1. **cansado, la desgracia, el hueso**
   Parece que por haber sufrido tantas _____ , el hablante se siente muy _____ , hasta en _____ .

2. **colgado, apenado, odiar**
   Es evidente que el hablante está muy _____ . _____ ver ropa _____ de un alambre.

3. **el espejo, las tinieblas, morir**
   El hablante implica que todos se _____ sin saberlo, que todos pasan la vida en _____ . Si la gente se mira en _____ , es posible que no le guste la imagen que ve.

4. **espantar, la sombra, lo sucedido**

¿Se puede cambiar _____ ? Es una pregunta que podría _____ le a cualquier persona. Quizás si el hablante hiciera algunos cambios, no se sentiría tan profundamente que vive en _____ de la existencia.

5. **el jardín, desgraciadamente, el mercado**

Parece que el hablante no quiere ser una persona. No quiere comer, no quiere tener que ir al _____ . No quiere ver nada, ni siquiera _____ que frecuentemente son bonitos y calman el espíritu. _____ , no parece que haya un remedio para el desgraciado.

Reaccionemos
▲▲▲▲▲▲▲▲▲▲

Esta mujer representa una mezcla de lo tradicional y lo moderno. ¿Cree Ud. que a ella le gusta "walking around"?

C **Analicemos el poema.** Formen Uds. grupos pequeños para hablar de estas ideas. Después, compartan sus ideas con las de la clase entera.

1. Hay varias imágenes muy fuertes en "Walking Around". Con los siguientes ejemplos, discutan qué tipo de imágenes son (visuales, auditivas, olfativas, etc.) y el efecto que producen al leerlas. ¿Cómo contribuyen al tono del poema?

   a. . . . dar muerte a una monja con un golpe de oreja . . .
   b. . . . hacia abajo, en las tripas mojadas de la tierra . . .
   c. . . . a hospitales donde los huesos salen por la ventana . . .
   d. . . . zapaterías con olor a vinagre . . .

2. Ahora, busquen Uds. más imágenes que contribuyen a sus impresiones del poema. Discutan su impacto e importancia.

3. El hablante siente varias emociones en el poema. Descríbanlas. ¿Qué adjetivos podrían describir el tono del poema? ¿Qué tiene que ver el tono del poema con las emociones que siente el hablante?

4. He aquí un ejemplo más de personificación. ¿Qué personifica Neruda? ¿Qué impacto tiene este ejemplo?

   . . . calzoncillos, toallas y camisas que lloran lentas lágrimas sucias . . .

5. En el poema hay mucha mención de cosas, pero muy poca mención de personas. ¿Qué sugiere esto? ¿Qué tiene que ver con el efecto total del poema?

6. ¿Cuáles son los temas centrales del poema? ¿Cómo apoya Neruda estos temas?

7. ¿Qué significado tiene el hecho de que el título del poema esté en inglés?

8. Hay varias frases repetidas en el poema. Discutan la importancia y el efecto que estas repeticiones tienen.

9. Con todas las emociones expresadas en el poema, ¿cómo es que el hablante pasea con calma?

D | Solicitamos su opinión.

1. ¿Cree Ud. que el hablante del poema simplemente está de mal humor o es que hay algo más? Explique.

2. ¿Puede Ud. identificarse con cómo se siente el hablante? ¿Por qué sí o por qué no?

3. ¿Cree Ud. que la actitud del hablante tiene que ver con el progreso? Explique, empleando secciones del poema para apoyar su opinión.

4. ¿Cómo se siente Ud. cuando está "Walking Around"?

5. A muchas personas les gustan mucho los efectos de la industrialización o de la modernización. Ir de compras o pasear por una ciudad son actividades "normales". El hablante no se siente así. ¿De qué se queja él? ¿Qué quiere el hablante?

6. ¿Cree Ud. que la situación del hablante sería diferente si estuviera en el campo? Explique.

7. ¿Jamás se ha sentido Ud. como el hablante? Explique.

8. ¿Se siente el hablante separado de la sociedad? Explique.

9. ¿Hay algún remedio para cambiar la situación del hablante? ¿Qué puede hacer él para sentirse mejor?

10. ¿Cree Ud. que el hablante tiene un mensaje que comunicar? Si está de acuerdo, ¿qué es?

11. ¿Es posible que el consumerismo afecte cómo pensamos? Explique.

12. Cuando el hablante dice en el poema: "No quiero para mí tantas desgracias", ¿a qué se refiere, según Ud.?

E | Debate.   Formen grupos. Un grupo debe defender las ideas siguientes y el otro debe criticarlas.

1. El hombre es víctima de su ambiente *(atmosphere)*.

2. El existencialismo no es nada más que una creencia filosófica. No tiene nada que ver con el mundo "verdadero".

3. El consumerismo es un mal necesario.

4. La soledad es inevitable. Uno puede sentirse solo hasta rodeado *(surrounded)* de muchas personas.

F Temas escritos

1. En una composición bien pensada y organizada, discuta su impresión personal de "Walking Around". Incluya lo siguiente: por qué (no) le gustó a Ud., si está bien (mal) escrito y por qué, la fuerza de las imágenes, los temas y mensajes del poema, etc.

2. ¿Es Ud. poeta (poetisa)? Escriba su propio poema en español titulado "De paseo".

3. "Walking Around" expresa una filosofía personal sobre la existencia del hombre moderno. Escriba una composición sobre su propia filosofía de la vida moderna.

Respuestas a las pruebas

p. 46 1. a 2. b 3. c 4. c

p. 47 1. V 2. F 3. F 4. V 5. V 6. F

p. 48 1. espantosas   3. triste (furioso, olvidado)
           2. las casas   4. calma, furia

CAPÍTULO 5

El mundo del trabajo

▼

¿Qué representa el trabajo para Ud.? Para muchas personas el trabajo es la vida; para otras, el trabajo es un deber cotidiano que uno debe sufrir. Tal vez, la actitud hacia el trabajo depende del tipo de trabajo que tiene una persona.

En este capítulo, vamos a explorar el tema del trabajo. La lectura, "Labrador", es un poema que describe a un hombre que trabaja en el campo, un empleo importante en muchos países del mundo.

¿Qué hacen las personas en el dibujo?

▼

¿Cómo es el trabajo que hacen?

▼

¿Tiene Ud. trabajo? ¿Cómo es?

▼

¿Cuál es el trabajo ideal? Explique.

▲▲▲▲▲▲▲▲▲▲

Juguemos con las palabras
▲▲▲▲▲▲▲▲▲▲

▼

Palabras en contexto

▲

Sustantivos

▶ **el (la) labrador(a) (la labranza, labrar):** una persona que trabaja en el campo, muchas veces con plantas y animales
El labrador tiene que trabajar todo el día todos los días para ganarse la vida.

▶ **el barro:** tierra mojada, que contiene agua
Llovió anoche; la tierra hoy es todo **barro.**

▶ **la espalda:** la parte posterior del cuerpo, lo contrario de *pecho*
Al labrador le duele mucho **la espalda** después de trabajar tanto.

▶ **la semilla:** la cosa pequeña que se pone en la tierra de la cual crece una planta
En la primavera, el labrador coloca **semillas** en la tierra.

▶ **el polvo (polvoriento[a]):** tierra seca, que no contiene agua; tierra que vuela por el aire
Algún día, el labrador será **polvo,** y volverá a la tierra que ama.

Verbos

▶ **oler (ue) (el olor, oliente):** notar una fragancia en el aire, uno de los cinco sentidos
El labrador **huele** a tierra y a trabajo difícil.

▶ **madrugar (madrugador[a], la madrugada):** levantarse muy temprano
El labrador siempre **madruga** para evitar el calor de la tarde.

▶ **tirar (tirado[a]):** lanzar en el aire
El labrador **tiró** pedazos de tierra al entrar en la casa.

▶ **relevar (en) (el relevo):** sustituir a otra persona, tomar la responsabilidad
Un día, el hijo del labrador lo **relevará en** el trabajo.

▶ **descansar (el descanso, descansado[a]):** relajarse, no trabajar por un rato
Después de trabajar mucho, es necesario **descansar** para poder continuar.

▶ **echarse (echado[a]):** ponerse en una posición horizontal
El labrador **se echó** en la cama para descansar.

▶ **sembrar (ie) (sembrado[a]):** plantar, poner semillas en la tierra
Se **siembran** las semillas para que produzcan legumbres en el verano.

Adjetivos

▶ **herido(a) (herir [ie], la herida):** el resultado de un ataque físico o moral
Después de trabajar todo el día, los pies estaban **heridos** y era difícil caminar.

▶ **ancho(a):** lo contrario de *estrecho;* grande en dimensión
De tanto caminar en el campo, los pies del labrador son **anchos.**

5   **El mundo del trabajo**

▶ **derramado(a) (derramar):** puesto en todos los lugares, cuando líquido u otras cosas salen de un recipiente sin intención
La tierra está **derramada** por toda la casa.

▼
Palabras emparentadas
▲

Complete las frases con las formas correctas de las palabras a continuación.

Modelo: descansar, el descanso, descansado
*El labrador nunca se siente **descansado** porque no **descansa** mucho. **El descanso** es un lujo para él.*

1. **el labrador, labrar, la labranza**
Para _____ la tierra, se requiere mucha energía. _____ es un trabajo muy difícil y la vida de _____ puede ser muy dura.

2. **oler, el olor, oliente**
Al entrar en la casa, el hombre, _____ a sudor *(sweat),* nota _____ de la comida que preparaba su mujer. A él siempre le gusta _____ estas comidas porque representan para él el fin del día.

3. **herido, herir, la herida**
La tierra, que no siempre es tranquila, a veces _____ al hombre. Este hombre tiene los pies _____ de tanto caminar. Estas _____ de la tierra no son siempre físicas sino que también pueden ser sicológicas.

4. **madrugar, madrugador, la madrugada**
Para el labrador, _____ representa el comienzo de su trabajo. El siempre _____ para evitar el calor del sol de la tarde. Este hombre, buen _____ , no puede descansar mucho.

5. **relevar, el relevo**
El hombre sabe que un día, su hijo va a _____ le en la tarea. Este _____ tan deseado también representa una sentencia para la vida de su hijo.

6. **echarse, echado**
De noche, el labrador _____ en la cama, completamente exhausto. El y su mujer pasan seis horas _____ y vuelven a sus rutinas.

▼
En otras palabras
▲

▶ The verbs **echar(se)** and **tirar** both have the English equivalent "to throw," but their uses are different.
The verb **echar** means "to toss, to throw, to evict" (gentleness is implied). The reflexive **echarse** is often used to mean "to throw oneself onto" (a bed, for example) or "to throw oneself into" (work).
The verb **tirar** means "to throw away, dispose of" (at times with intent to harm).
Write four sentences dealing with farming or hard work using the verbs **echar(se)** and **tirar.**

▶ **Herido(a)** and the verb **herir** have both a literal and figurative meaning.
Herido(a) means "wounded" in a physical or emotional sense. **Herir** means "to wound" in a physical sense and is also used to mean "to hurt" (feelings).

Juguemos con las palabras

▶ The verb **oler** is very irregular. The present indicative is: **huelo, hueles, huele, olemos, oléis, huelen.**
▶ There are two literary devices used in this poem: personification and metaphor. Refer to the reading strategy in Chapter 4 to review their functions in a poem.

▶ 1 ◀

Primer paso:
Preparémonos para leer

▼
Grammar:
The
not-so-hidden
clues
▲

When reading poetry, one must be especially careful of grammar. Because a poet can be much more flexible with structure than a writer of prose, subjects and verbs are often separated, adjectives are not always placed next to the nouns they modify, and subjects are often confused with objects. It is essential, therefore, during one of your preliminary readings of a poem, to analyze it grammatically, which will facilitate comprehension.

▼
Apliquemos
la estrategia
▲

Turn to the poem and do a grammatical reading of it. Underline all of the conjugated verbs, and by looking at the verb endings and by reading the poem, identify the subject of each. Then ask the question *whom?* or *what?* after the subject and verb to find the direct object, if it exists. To find the indirect object, ask the question *to, for, on, from whom?* or *what?* Circle the adjectives, and by checking the agreement, identify the nouns they modify.

Form small groups in class to do this activity or to verify your answers.

▼
Anticipemos
un poco
▲

1. The poem you are about to read deals with a man who works the land. What characteristics would you associate with a laborer of the land?

2. What attitudes would a laborer have toward his or her job? What feelings do you have (have you had) toward your job? Are they different or similar? Explain.

3. What might be the advantages and disadvantages of working the land day after day? Would you like this job? Why or why not?

Segundo paso:
Ahora, leamos

Gloria Fuertes (1918 –   ) es una poetisa de Madrid. Sus poemas revelan su estilo directo y su preocupación por la vida cotidiana de la gente española. Gloria Fuertes usa palabras que evocan sentimientos de compasión y de ternura hacia el hombre común. Dos colecciones de sus poemas se llaman Obras incompletas *(1978) y* Que estás en la tierra *(1962). De esta última proviene el poema "Labrador".*

Labrador
Gloria Fuertes
▲▲▲▲▲▲▲▲▲

Labrador,
ya eres más de la tierra que del pueblo.
Cuando pasas, tu espalda huele a campo.
Ya barruntas° la lluvia y te esponjas,°
ya eres casi de barro.
De tanto arar,° ya tienes dos raíces°
debajo de tus pies heridos y anchos.
Madrugas, labrador, y dejas tierra
de huella° sobre el sitio de tu cama,
a tu mujer le duele la cintura°
por la tierra que dejas derramada.
Labrador, tienes tierra en los oídos,
entre las uñas tierra, en las entrañas;°
labrador, tienes chepa° bajo el hombro°
y es tierra acumulada,
te vas hacia la tierra siendo tierra,
los terrones° te tiran de la barba.°

barruntas *you have a feeling, you predict*
te esponjas *you become spongy, soaked*
arar *to plough through*
raíces *roots*
de huella *in a trail*
cintura *waist*
entrañas *guts*
chepa *hump, hunchback*
hombro *shoulder*
terrones *lumps of earth*
barba *beard*

Decida si las frases son verdaderas o falsas.

1. El labrador pertenece más al campo que a la ciudad o a la gente.

2. El labrador no sabe nada del tiempo.

3. La poetisa compara al labrador con una planta que tiene raíces.

Este poema glorifica al labrador por su trabajo arduo y continuo.

4. El labrador se levanta temprano.
5. Hay tierra en la casa y la mujer está cansada de limpiarla.
6. El labrador está cubierto de tierra.
7. El labrador tiene una chepa en la espalda.
8. La poetisa sugiere que la chepa es un defecto físico de que sufre el hombre desde niño.

mimetizado con la parva *like the unthrashed corn (chaff)*

la trilla y la tralla *threshing and lashing*

Ya no quiere que siembres más semillas,
que quiere que te siembres y te vayas,
que el hijo te releve en la tarea;
ya estás mimetizado con la parva,°
estás hecho ya polvo con el polvo
de la trilla y la tralla.°

Complete las frases con las palabras adecuadas según el contexto del poema.

1. La tierra no quiere que el labrador plante más _____ .
2. _____ va a hacer el trabajo en vez del labrador.
3. El labrador se hace parte de _____ .

Te has ganado la tierra con la tierra;
no quiere verte viejo en la labranza,
te abre los brazos bella por el surco,°
échate en ella, labrador, descansa.

> *Reprinted with permission.*

Decida si las frases son verdaderas o falsas.

1. La poetisa personifica la tierra.

2. La tierra no quiere que él se ponga viejo por trabajar demasiado.

3. La tierra sugiere que el labrador trabaje más.

4. También recomienda que descanse.

▶ 3 ◀

Tercer paso:
Volvamos a leer

Vuelva Ud. al poema y léalo por lo menos una vez más. Corrija las respuestas de las pruebas. Si hay errores, lea el trozo que malentendió hasta entenderlo.

▼
**¿Comprendió
Ud. la lectura?**
▲

A **¿Cuánto recuerda Ud.?**   Escoja la respuesta más apropiada.

1. El labrador se parece a *(la tierra / la gente)*.

2. Hay un olor de *(tierra / sudor)* cuando el hombre pasa.

3. Cuando llueve, el hombre *(entra en la casa / se queda en la lluvia y está cubierto de barro)*.

4. El hombre tiene *(raíces / semillas)* como una planta después de arar.

5. Deposita *(tierra / tarea)* por toda la casa.

6. La mujer está cansada porque *(tiene que limpiar la tierra de la casa / está enferma)*.

7. El labrador tiene tierra *(por todo el cuerpo / en su coche)*.

8. En la espalda, hay una chepa de *(tierra / hueso)*.

9. La tierra no quiere que el labrador *(descanse / siembre más)*.

10. La tierra sugiere que el hijo *(continúe con el trabajo / descanse)*.

11. La poetisa dice que el labrador es casi *(tierra y planta / lluvia y raíces)*.

12. La tierra no quiere que el hombre *(descanse / se vuelva viejo)*.

13. La tierra le ofrece al labrador *(otro trabajo / una cama en forma de surco)*.

B **Prueba de vocabulario.**   Haga Ud. frases que tienen que ver con el poema usando las palabras siguientes.

> **Modelo:** la tierra
> *En el poema, **la tierra** quiere cuidar al hombre como él la cuida a ella.*

1. descansar
2. herido
3. ancho
4. la labranza
5. oler

6. madrugar
7. relevar
8. echarse
9. derramado
10. sembrar

Reaccionemos
▲▲▲▲▲▲▲▲▲▲

C **Analicemos el poema.**   Formen Uds. grupos pequeños para hablar de estas ideas. Después, compartan sus ideas con toda la clase.

1. ejemplos de personificación y de metáforas y lo que sugieren
2. el tono del poema
3. la selección de palabras por la poetisa
4. el tema del poema
5. el uso del pronombre **tú**
6. la relación entre la persona y su trabajo
7. por qué decidió Gloria Fuertes escribir este poema
8. en qué consiste la vida del labrador
9. la "muerte" del labrador

D **Solicitamos su opinión.**

1. ¿Tiene Ud. trabajo? ¿Qué hace? ¿Le gusta o no? Explique.
2. ¿Está su identidad unida a su trabajo? ¿Cree Ud. que debe ser así? Explique.
3. ¿Es posible que una persona se convierta en su trabajo? ¿Cómo? ¿O es que alguien adopta las características de su trabajo? Explique.
4. ¿Cómo define Ud. al labrador? ¿Cómo se define él a sí mismo?

5. ¿Cuál es su trabajo ideal? ¿Por qué es ideal?

6. ¿Tiene Ud. jardín? ¿Le gusta trabajar en el campo? ¿Cómo se siente cuando trabaja al aire libre?

7. ¿Cuáles son las ventajas y las desventajas de ser labrador(a)?

8. ¿Trabaja Ud. para vivir o vive Ud. para trabajar?

9. ¿Cree Ud. que hay un respeto mutuo entre un(a) labrador(a) y la tierra? Explique.

10. ¿En qué se diferencian la vida de un(a) labrador(a) y la vida de un(a) profesional, por ejemplo? ¿En qué se parecen?

E **Debate.**   Formen grupos. Un grupo debe defender las ideas siguientes y el otro debe criticarlas.

1. El trabajo no es importante; lo que más importa es la cantidad de dinero que se gana.

2. Para hacer bien un trabajo, es necesario que le guste mucho al (a la) trabajador(a).

3. Si el trabajo es interesante, un(a) jefe(a) imposible no importa.

4. Es necesario cambiar de trabajo frecuentemente para que uno no se aburra.

5. Labrar la tierra ya no tiene tanta importancia hoy en día como antes.

Reaccionemos

F Temas escritos

1. ¿Es Ud. poeta (poetisa)? Escriba Ud. un poema de un trabajo o de una profesión. Use la imaginación.
2. Escriba Ud. un anuncio clasificado para el trabajo ideal.

Respuestas a las pruebas

p. 57   1. V   2. F   3. V   4. V   5. V   6. V   7. V   8. F

p. 58   1. semillas

2. el hijo

3. la tierra

p. 59   1. V   2. V   3. F   4. V

CAPÍTULO 6

¿Puede Ud. resistir la tentación?

▼

¿En qué piensa Ud. al mencionar la palabra "dieta"? ¿En la disciplina? ¿En la falta de fuerza de voluntad? ¿En la abstención? Es muy fácil asociar las palabras "dieta" y "ejercicio" con imágenes negativas, pero no tiene que ser así.

Como Ud. verá en el artículo de este capítulo, "La verdad detrás de las dietas", las dietas son algo muy individual, y es necesario considerar muchos factores. Al leer el artículo, piense en sus propias opiniones sobre las dietas y el ejercicio. Y, por favor, ¡no coma mientras lee el artículo!

Describa el dibujo. ¿Qué tienen estas personas en común?

▼

¿Tienen que ser atormentadores (*torturous*) el ejercicio y las dietas? Explique, usando el dibujo y sus propias experiencias.

▼

¿Puede Ud. describir una situación cómica que haya ocurrido cuando estaba a dieta?

▲▲▲▲▲▲▲▲▲▲

▼
Palabras en contexto
▲

Sustantivos

▶ **el peso (pesar, pesado[a]):** la cantidad total de masa corporal
El peso ideal para una persona depende de muchos factores: la estatura es probablemente el factor más importante.

▶ **lo demás:** lo que queda, extra
Es bueno comer frutas y legumbres en una dieta, pero si se come todo **lo demás** (como el chocolate, por ejemplo) no se va a tener éxito en el plan de reducción de peso.

▶ **la pérdida (perder, perdido[a]):** la reducción de kilos, resultado de una dieta; algo que no se puede encontrar
Una pérdida de diez kilos en dos meses es excelente.
Después de **la pérdida** de mi barra de chocolate (¡estoy segura de que mi colega me la robó!), decidí que no la necesitaba de todos modos.

▶ **la comida (comer):** lo que se come, la alimentación
Es recomendable **comer** varias **comidas** pequeñas en vez de una sola **comida** grande por día.

▶ **la cuestión:** asunto, tema
Estar a dieta es **cuestión** de comer inteligentemente y seguir un régimen de ejercicios.

▶ **los datos:** estadísticas científicas
Los datos sugieren que la eliminación de algunas calorías y hacer ejercicios funcionan juntos en un plan de reducción de peso.

Verbos

▶ **adelgazar (el adelgazamiento, delgado[a]):** el proceso de perder peso
Hay miles de productos que se puede comprar para **adelgazar;** muchos contienen cafeína.

▶ **funcionar (la función):** poner en movimiento en un sentido mecánico o figurativo
Mi dieta **está funcionando** maravillosamente bien. Además de comer bien, uso mi bicicleta de ejercicios. El problema es que ahora no **funciona** bien; tengo que repararla.

▶ **tratarse de (el tratamiento):** tener que ver con, ser una cuestión de
Las razones por las que no funcionan muchas dietas **se tratan de** la ignorancia en muchos casos.

▶ **atender (ie) a:** cuidar de
Para **atender** bien **a** la salud, se debe consultar a un médico antes de empezar un plan de adelgazamiento.

6   ¿Puede Ud. resistir la tentación?

▶ **fracasar (el fracaso):** lo contrario de *tener éxito,* fallar, no funcionar
Muchos planes de adelgazamiento **fracasan** porque los individuos no cambian sus malos hábitos de comer.

▶ **engordar (gordo[a], la gordura):** aumentar de peso
Hay personas delgadas que quieren **engordar,** y personas **gordas** que quieren adelgazar. ¡Nadie está satisfecho nunca!

▶ **aconsejar (el consejo, el [la] consejero[a]):** dar opiniones expertas basadas en experiencias o estudios
Algunos expertos les **aconsejan** a sus pacientes o clientes que no adelgacen rápidamente sino despacio.

Adjetivos

▶ **saludable (la salud):** físicamente bueno para el cuerpo
Adelgazar, especialmente cuando es necesario, es muy **saludable** si se hace correctamente. Uno se siente mucho mejor físicamente.

▶ **único(a):** sin paralelo, incomparable
Cada individuo es una entidad **única** y es necesario considerar eso cuando se considera el peso.

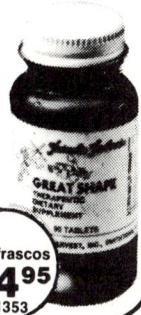

▼
Palabras emparentadas
▲

Complete las frases con las formas correctas de las palabras a continuación.

Modelo: perder, la pérdida
*Ramón **perdió** mucho peso el año pasado. Está muy satisfecho con **una pérdida** de veinte kilos en total.*

1. **el peso, pesado, pesar**
Yo _____ demasiado. Voy a empezar una dieta; estoy harta de este _____ excesivo. Quiero ser delgada, no _____ .

2. **funcionar, la función**
Las dietas tienen varias _____ respecto a la salud. Para que las dietas _____ bien, es necesario planearlas inteligentemente.

3. **engordar, la gordura, gordo**
_____ es un problema serio para muchas personas. Algunos _____ sin saberlo. Una vez _____ , es frecuentemente muy difícil eliminar el exceso de peso.

4. **aconsejar, el consejo; saludable, la salud**
Médico: —Señor Echeverría, le _____ que empiece una dieta lo más pronto posible para gozar de buena _____ .

Juguemos con las palabras

▲

Sr. Echeverría: — Muy bien, doctor. Sé que ser gordo no es nada _____ .
Voy a seguir cuidadosamente sus _____ .

5. **fracasar, el fracaso; la comida, comer**

Muchas dietas _____ porque las personas no _____ correctamente. _____ con azúcar son a menudo las que causan tantos _____ en las dietas.

6. **adelgazar, el adelgazamiento, delgado**

Mi esposa y yo no somos _____ , pero tampoco somos gordos. A veces es necesario que nosotros _____ un poco. Si engordamos un poco, empezamos inmediatamente un plan de _____ que incluye el ejercicio.

▼
Cognados relacionados con el tema
▲

Adivine los significados de los cognados siguientes que vienen del artículo "La verdad detrás de las dietas". Luego conteste las preguntas.

autosugestionarse	sedentaria
dietas	metaboliza
hábitos	nutrición
número (de) calorías	problemas glandulares
suma (de) energías	diabetes

1. How do these words relate to the title of the article?

2. What myths do you think will be dealt with in the article? Which words suggest this topic?

3. What health problems are addressed in the article?

4. What is the connection between **número de calorías** and **suma de energías?**

6   ¿Puede Ud. resistir la tentación?

▼

▶ **Atender (ie)** means "to attend" in the sense of "to take care of, to attend to." It is often confused with **asistir,** a false cognate that means "to attend" in the sense of "to go to." **El (la) asistente,** however, does mean "assistant."

▶ **Funcionar** means "to work" or "to function" in a mechanical or figurative sense. **Trabajar** means "to work" (as with a job).

▶ **La cuestión** means "question" in the sense of "a matter, an issue." **La pregunta** refers to a question that is asked, a request for information.

▶ **Los datos** refer to scientific or statistical facts. **El hecho** means "fact" in a nonscientific or nonstatistical sense.

▶ The adjective **único(a),** when used before a noun, means "only." When it follows a noun, it means "unique."

▶ **La comida,** besides meaning "food," also means "meal."

▼

Para su información ▲

▶ **Lo,** used with an adjective or adverb, usually has the English equivalent "the *adj. / adv.* part or thing." **Lo demás** means "the rest." **Lo único** means "the only thing." What do **lo mejor** and **lo principal** mean?

▶ The pronoun **se** has many uses. When **se** is used with the third person singular of the verb, it has the meaning of an impersonal "one," "you," "they," etc. If **se come** means "one eats," what do the following phrases mean?

   Se diría . . . que para ser esbelta . . .
   . . . con ese tipo de dietas **se adelgaza** . . .
   . . . pero también **se aumenta** rápidamente . . .
   . . . si **se come** menos por las noches.
   . . . y **se engorda** más.

▶ The article you are going to read is written for women, and, as such, the pronoun and adjectives are feminine. Keep this in mind as you read.

▶ 1 ◀

Primer paso:
Preparémonos para leer

▼

**Units:
A guide to
understanding** ▲

When reading, classifying the material into units can aid in understanding. When reading prose, look at each paragraph as a complete unit. The development of the paragraph includes: 1) the topic sentence, usually the first sentence, which gives the theme of the paragraph; 2) the development of the topic sentence, which may include several sentences; 3) the conclusion of the topic. If you pause at the end of a unit and try to determine what is the most essential information, you will better understand the reading in its entirety.

Read the following paragraph from the article "La verdad detrás de las dietas" several times. Answer the questions that follow.

En los sistemas para adelgazar no existen reglas fijas°, como tampoco existe el "peso ideal". Además de que la cuestión del peso funciona mucho en relación con las proporciones de cada persona, las tablas que se ven en las consultas de médicos fueron hechas con datos estadísticos suministrados por las compañías de seguros° para calcular los riesgos.°

1. How does the second sentence relate in idea to the topic sentence?
2. In Spanish, write one sentence that summarizes the main idea of the paragraph. Share your sentence with your classmates.
3. Keep this idea of units in mind as you read the entire article.

1. What does the title of the article, "La verdad detrás de las dietas" suggest?
2. The article is taken from a magazine that is intended primarily for women. Is dieting different for men and women? If so, how?
3. The article is in the **Sicología** section of the magazine *Vanidades.* What does that suggest?
4. What do you think the "truth" behind diets is?

¿Le es difícil a Ud. resistir pasteles como éstos? ¿Por qué sí o por qué no? ¿Hay otras comidas que no pueda resistir? ¿Cuáles son?

► 2 ◄

Segundo paso:
Ahora, leamos

Vanidades Continental es una revista popular que se vende en muchos países del mundo hispano. Tiene varias secciones: belleza, moda, decoración, una sección de novela y varios artículos y entrevistas con personas famosas. El artículo que Ud. va a leer trata una de las cuestiones de mayor importancia en la actualidad: el peso y la salud.

La verdad detrás de las dietas
Vanidades Continental
▲▲▲▲▲▲▲▲▲

llevan *lead*
fallar *fracasar*

Si a usted no le dio resultado la dieta que hizo adelgazar a su amiga, piense si las dos llevan° la misma vida, si tienen el mismo tipo físico, si usted la hizo «exactamente» igual... Son muchos los factores que hacen fallar° las dietas. Aquí le decimos qué hacer para que funcionen.

grasa *fat*
pastillas *pills*

El mercado está inundado de productos «milagrosos» para adelgazar. Métodos que la hacen perder grasa° mientras duerme, pastillas,° caramelos, fotos de «antes» y «después» del sistema tal, clases que la enseñan a autosugestionarse para comer menos. Sin dudar de la veracidad de estos sistemas, lo cierto es que la mayoría de las personas con exceso de peso un año, lo siguen «cultivando» al siguiente.

disponer de tener
consigna *slogan*
sobresitos *little envelopes*
endulzadores *sweeteners*
envases *containers*
no obstante *nevertheless*
polvos *powders*
toronja *grapefruit*

Se diría, por otra parte, que para ser esbelta, hay que disponer de° grandes sumas de dinero. Porque todo es a base de comprar y pagar. Y algo muy cierto es que «adelgazar» se ha convertido en casi una consigna.° Es saludable y atractivo, sin duda. Por eso, si observa cualquier mesa en una oficina, verá sobresitos° de endulzadores° artificiales, dietas y consejos pegados en las paredes, envases° plásticos con almuerzo dietético hecho en la casa...

No obstante,° hay algo que está funcionando mal en las dietas, pastillas, discos, polvos° y todo lo hecho para adelgazar. Tal vez se trate de una mala interpretación de muchas personas en cuanto a los sistemas. Como la muchacha a quien su madre le dijo que la toronja° adelgazaba y ella empezó con su plan de toronjas, pero sin dejar de comer de todo lo demás.

radicar *empezar*
alimenticios *de comer*

El problema parece radicar° más bien en que algunas personas, en lugar de hacer dietas, deben cambiar sus hábitos alimenticios.°

El primer paso para adelgazar consiste en realidad, en tratar de entender cómo funciona nuestro cuerpo. Atender a nuestro cuerpo como una entidad única e independiente sin compararlo con los demás. Por eso algunas personas adelgazan con una dieta y otras fracasan. Aquí le vamos a relacionar algunos principios básicos que la ayudarán a comprender mejor esto:

Decida si las frases son verdaderas o falsas.

1. Hay muchos productos que ayudan a alguien a adelgazar.
2. Hay una tendencia a engordar aun más si una persona tiene exceso de peso durante más de un año.
3. Se puede gastar mucho dinero para adelgazar.
4. Nunca es necesario cambiar los hábitos alimenticios para adelgazar.
5. Cada individuo es diferente, y hay que considerar eso cuando se empieza un plan de adelgazamiento.

---

ingiere come y bebe

▶ *Lo principal es comparar el número de calorías que usted ingiere° con la suma de energías que utiliza.* Por eso, no siempre es cierto que para adelgazar lo único que hay que hacer es comer menos. Según los expertos de la Universidad de Harvard, usted tendría que comer 3 mil 500 calorías más de las que usted acostumbra a comer para aumentar 1/2 kilo (1 lb.) de grasa.

▶ *Es imposible aplicar las mismas dietas y sistemas a todas las personas.* Los investigadores no pueden explicar las razones por las que las personas pierden y ganan peso en diferentes proporciones. Algunas engordan ingiriendo sólo 1.200 calorías diarias, 300 menos que las aceptadas como el requerimiento mínimo.

ha de ser debe ser

▶ *Adelgazar ha de ser° su «primera prioridad».* No es cierto que las personas gordas sean indisciplinadas, lo que sucede es que la mayoría de ellas no se concentran lo suficiente en tratar de resolver su problema de peso.

dañino *harmful*
trastornos problemas
riesgos *risks*

▶ *La gordura no es lo único dañino.°* La gordura trae muchos problemas de salud, como los trastornos° cardíacos. Pero las personas excesivamente delgadas también corren riesgos° de anemias crónicas y pérdidas de minerales tan importantes como el calcio, dándose casos de fracturas espontáneas en mujeres de 20 años, a consecuencia de la osteoporosis.

dietas relámpagos
  crash diets
suelen producir
  usualmente producen
despacio *slowly*

▶ *Las dietas relámpagos° suelen producir° pérdidas de líquido más bien que de grasa.* En realidad, con ese tipo de dietas se adelgaza, pero también se aumenta rápidamente, porque la pérdida de peso es más bien ilusoria: el cuerpo pierde líquido, no grasa. Los expertos aconsejan que mientras más despacio° se adelgace, más tiempo una se mantiene esbelta.

dirigido bien planeado

▶ *Hacer ejercicios es bueno, pero no lo es todo.* Hay que acompañarlos de un plan de alimentos dirigido,° dependiendo de cuál sea el problema de la persona. Si

6 ¿Puede Ud. resistir la tentación?

ella está gorda por su vida sedentaria, indiscutiblemente que los ejercicios son lo más importante, aunque no lo único.

distintas diferentes

▶ *Lo mejor es comer pequeñas porciones de alimento a distintas° horas.* No importa mucho si es de día o de noche, porque, si bien el organismo metaboliza los alimentos de distinta manera cuando uno está despierto° que cuando se duerme, la diferencia no es tan notable como para adelgazar si se come menos por las noches.

despierto lo contrario de *dormido*

saltarse eliminar

▶ *Tampoco es recomendable «saltarse°» una comida.* Aunque muchas personas se adhieren al sistema de dejar de almorzar o de cenar, por ejemplo, no es saludable ni tampoco adelgaza, porque generalmente se come en exceso después, la digestión es más demorada° y se engorda más.

demorada *slow*

Complete las frases con las palabras adecuadas según el contexto del artículo.

1. Para adelgazar, hay que utilizar más _____ de las que se ingieren.

2. Algunas personas _____ comiendo menos del requerimiento mínimo; algo que no se explica fácilmente.

3. Las personas _____ a veces sufren tanto como las personas con exceso de peso.

4. Los expertos _____ que adelgazar despacio es mejor que _____ rápida de peso.

5. Las personas con una vida sedentaria deben hacer _____ como parte de su régimen.

6. Si se salta una comida, generalmente se _____ demasiado en la próxima comida.

---

fijas exactas

En los sistemas para adelgazar no existen reglas fijas,° como tampoco existe el «peso ideal». Además de que la cuestión del peso funciona mucho en relación con las proporciones de cada persona las tablas que se ven en las consultas de médicos fueron hechas con datos estadísticos suministrados por las compañías de seguros° para calcular los riesgos.

seguros *insurance*

Los conocimientos de nutrición son fundamentales para adoptar un plan de adelgazamiento. Y eso debe funcionar de acuerdo a las necesidades de nuestro organismo y, muy importante, con la vida que llevamos. Una madre de familia, por ejemplo, no puede aspirar a llevar el mismo plan alimenticio que una estrella de cine.° También todo eso debe jugar con los problemas de salud que tengamos, sobre todo si éstos son glandulares, como la diabetes.

estrella de cine actor/actriz de películas

Hacer una dieta es algo serio y que puede afectar nuestra salud. Si usted ha propuesto adelgazar, hágalo porque lo necesita, para su salud o porque sentirse atractiva le va a estimular su ego y la hará sentirse más segura. Pero no lo haga impensadamente° o para complacer° a los demás.

impensadamente sin pensar

complacer poner contentos

Reprinted with permission.

Segundo paso: Ahora, leamos

▲

Escoja la respuesta más apropiada.

1. En los sistemas para adelgazar,
   a. hay reglas muy exactas.
   b. es necesario considerar varios factores.
   c. hay un peso ideal para todos.

2. En un plan de adelgazamiento,
   a. saber algo de la nutrición es importante.
   b. la vida que uno lleva no es un factor importante.
   c. hay que evitar problemas glandulares.

3. Las dietas
   a. afectan la imagen que una persona tiene de sí misma.
   b. no afectan la salud.
   c. son para complacer a otras personas.

▶ 3 ◀

Tercer paso:
Volvamos a leer

Vuelva Ud. al artículo y léalo por lo menos una vez más. Corrija las respuestas de las pruebas. Si hay errores, lea el trozo que malentendió hasta entenderlo.

▼
¿Comprendió Ud. la lectura?
▲

A **¿Cuánto recuerda Ud.?** Párrafo por párrafo, escoja el resumen que mejor sugiere las ideas importantes. Empiece con el párrafo que viene después de las frases en letra bastardilla.

1. Párrafo 1.
   a. De los muchos productos y planes para adelgazar, muchos no tienen éxito.
   b. Hay métodos para perder grasa mientras se duerme.
   c. Es posible autosugestionarse para comer menos.

2. Párrafo 2.
   a. Muchas personas hacen dietas en el empleo.
   b. El público gasta mucho para adelgazar porque ser delgado es muy popular.
   c. Es saludable y atractivo adelgazar.

3. Párrafo 3.
   a. La toronja es una fruta común en los planes de adelgazamiento.
   b. Es posible que muchas personas no entiendan cómo funcionan las dietas.
   c. Es posible seguir un plan de comer toronjas sin eliminar comidas ricas.

▲

6 ¿Puede Ud. resistir la tentación?

4. Párrafo 4.
   a. No es necesario que todos estén a dieta para adelgazar.
   b. Hay problemas que radican en la ignorancia.
   c. A veces, un cambio de hábitos es todo lo necesario para adelgazar.

5. Párrafo 5.
   a. Cada persona es única con respecto a las dietas.
   b. Algunas personas adelgazan con una dieta y otras fracasan.
   c. La realidad es importante en las dietas.

B **Continuemos.**   Conteste las preguntas según el contenido del artículo.

1. ¿Por qué es necesario comparar el número de calorías que una persona ingiere con la energía que utiliza?

2. ¿Qué problemas tienen las personas excesivamente gordas? ¿Y las delgadas?

3. ¿Por qué no funcionan las dietas relámpagos?

4. ¿Qué debe considerar una persona gorda que lleva una vida sedentaria?

5. ¿Qué pasa frecuentemente cuando una persona elimina el desayuno, o el almuerzo o la cena?

6. ¿Por qué no son buenos indicadores de peso las tablas que se ven en los consultorios de médicos?

7. ¿Qué es necesario cuando se considera empezar una dieta?

C **Prueba de vocabulario.**   Con los grupos de palabras, forme frases que sirven de consejos para alguien que quiere adelgazar.

   Modelo: peso / saludable
              *El **peso saludable** para Ud. depende de su estatura, del ejercicio que hace y del tipo de vida que lleva.*

1. adelgazamiento / funcionar

2. engordar / datos

3. atender / único

4. cuestión / peso

5. fracasar / comida

6. tratarse de / adelgazar

7. pérdida / lo demás

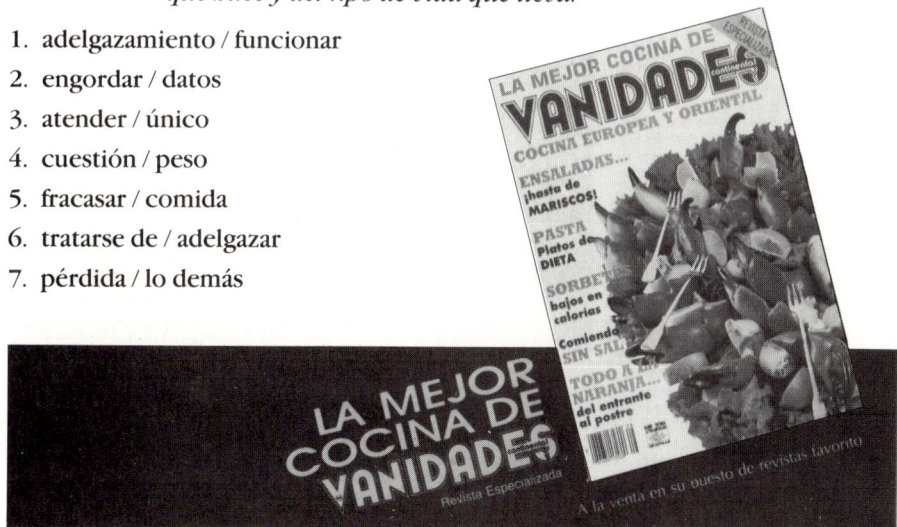

D **Analicemos el artículo.** Explique y comente sobre las ideas siguientes en relación al artículo "La verdad detrás de las dietas".

1. Hay cientos de productos que ayudan a adelgazar, pero para muchos no funcionan.

2. Es saludable y atractivo adelgazar.

3. Algunos no necesitan hacer dieta, sino cambiar sus hábitos alimenticios.

4. Cada persona es especial con respecto a las dietas.

5. No es verdad que toda persona gorda no tenga disciplina.

6. Las personas delgadas a veces sufren tanto como las personas gordas.

7. Las dietas relámpagos no son saludables.

8. Hay que pensar mucho en las razones por las que uno empieza una dieta.

¡La gente sigue las dietas para no tener una sorpresa desagradable cuando visitan al sastre para ropa nueva! ¿Tiene Ud. este problema u otro semejante?

Muchas personas comen pescado cuando siguen una dieta, o cuando quieren evitar comer demasiada carne. ¿Le gusta a Ud. el pescado y los mariscos, o prefiere un buen bife?

E | **Solicitamos su opinión.**

1. ¿Se acentúa demasiado la dieta hoy en día? Explique.

2. ¿Qué significado tiene la palabra "dieta" para Ud.?

3. ¿Puede una dieta ser un placer? ¿Por qué y cómo?

4. ¿Cree Ud. que todos los productos y planes que se venden para adelgazar son un negocio bueno o malo? Explique.

5. En su opinión, ¿cuáles son las razones por las que muchas personas comen excesivamente?

6. ¿Qué piensa Ud. de los consejos que ofrece el artículo con respecto a las dietas? ¿Cuáles son los consejos más importantes?

7. ¿Qué tiene que ver el estilo de vida que lleva un individuo con sus hábitos alimenticios?

8. ¿Qué tiene que ver la tensión nerviosa *(stress)* con la comida? ¿Cree Ud. que las mujeres sufren más tensión nerviosa que los hombres? Explique.

9. ¿Cree Ud. que el artículo es solamente para mujeres, o sirve para los hombres también? ¿Qué recomendaciones diferentes le haría Ud. a un hombre?

10. ¿Cómo hacen las mujeres las dietas? ¿Y los hombres? ¿Hay diferencias entre las "reglas" *(rules)* para las mujeres y para los hombres? Explique.

F | **Debate.** Formen grupos. Un grupo debe defender las ideas siguientes y el otro debe criticarlas.

1. El negocio de las dietas es sexista. La sociedad no reacciona tan negativamente si un hombre pesa demasiado como si una mujer pesa demasiado. Es por esta

razón que los artículos como "La verdad detrás de las dietas" aparecen en "revistas para mujeres".

2. El estilo de vida que una persona lleva tiene mucho que ver con cuánto pesa.

3. Todas las comidas deliciosas son las que contienen demasiadas calorías. Muchos no se adhieren a planes para adelgazar porque hay que comer comida "saludable" y sacrificar lo delicioso.

4. El ejercicio se ha hecho un negocio tan importante como el de las dietas.

5. Las dietas y el ejercicio = torturas.

$\boxed{\text{G}}$ Temas escritos

1. Diseñe un plan de dieta personal. Recuerde que la palabra "dieta" no se refiere necesariamente a un plan de adelgazamiento. ¿Qué comidas incluiría Ud.? ¿Por qué? ¿Cuáles evitaría? ¿Qué actividades recomienda Ud.?

2. Escoja una de las ideas del Ejercicio **F** y escriba una composición bien pensada y desarrollada.

Respuestas a las pruebas

p. 70   1. V   2. V   3. V   4. F   5. V

p. 71   1. calorías   2. engordan   3. delgadas
4. aconsejan / una pérdida   5. ejercicios   6. come

p. 72   1. b   2. a   3. a

CAPÍTULO 7

Los medios de difusión: ¿Qué opina Ud?

▼

¿Tiene Ud. interés en la historia? Un tipo de novela muy popular es la histórica. En ella, los autores presentan hechos de la realidad con personajes ficticios (que a menudo sugieren a personas auténticas). El lector puede aprender mucho sobre la historia de una época al leer una novela.

La selección de este capítulo es una entrevista con un autor español cuya novela, *Beltenebros,* es un reflejo del período franquista* español. Después de leer la entrevista, quizás Ud. quiera leer la novela también.

¿Qué hacen las personas en el dibujo? ¿Qué tienen en común?

▼

¿Cómo sabe Ud. lo que pasa en el mundo?

▼

¿Cree Ud. todo lo que oye o lee con respecto a lo que pasa en el mundo?

▼

¿Cuál es la mejor manera de aprender lo que pasa en el mundo?

▲▲▲▲▲▲▲▲▲▲

*El General Francisco Franco fue el que lideró la revolución fascista contra la república española. Fue dictador de España de 1939 a 1975, cuando murió. Los antifranquistas fueron los oponentes de Franco.

Juguemos con las palabras
▲▲▲▲▲▲▲▲▲▲

▼
**Palabras en
contexto**
▲

Sustantivos

▶ **la obra (obrar):** una creación artística, como una novela, un edificio, etc.
Antonio Muñoz Molina ha escrito **una obra** sobre el movimiento
antifranquista.

▶ **la lucha (luchar, el [la] luchador[a]):** un conflicto, una disputa
La lucha antifranquista fue larga y difícil; muchos perdieron la vida en ella.

▶ **el personaje:** una figura ficticia de la literatura o de las películas
Algunos de **los personajes** en la novela de Muñoz Molina se parecen a
personas auténticas de la época en la que tiene lugar la acción.

▶ **la soledad (solo[a]):** estar solo; sentirse solo, sin compañía ni compañerismo
La soledad es un tema central de *Beltenebros;* el autor ha logrado crearla hasta
en los lugares de mucha actividad, como en un aeropuerto.

▶ **el (la) desengañado(a) (desengañado[a], desengañar):** una persona
desilusionada, decepcionada; una persona informada, iluminada después de un
engaño
Muchos **desengañados,** infelices con el *statu quo,* empiezan luchas con la
intención de iluminar a otros.

▶ **la mezcla (mezclar):** el resultado de una combinación de dos o más cosas
Muchas novelas históricas son **una mezcla** de verdad y ficción; *Beltenebros* no
es una excepción.

▶ **la equivocación (equivocarse, equivocado[a]):** un error
Muchos héroes trágicos cometen **equivocaciones;** lo mismo ocurre en la
novela de Antonio Muñoz Molina.

▶ **la trama (tramar):** las acciones y eventos que forman la intriga de una obra o
película, por ejemplo
Madrid es el escenario de **la trama** de *Beltenebros.*

▶ **el infierno (infernal):** el lugar donde reina Satanás, según la Biblia
Beltenebros incluye un descenso al **infierno,** lo cual sugiere el tema del ángel
caído.

Verbos

▶ **tratar de (el tratamiento, el trato):** tener que ver con, ser sobre, hablar de;
intentar, hacer un esfuerzo
Beltenebros **trata del** movimiento antifranquista en España. Los héroes de la
novela **tratan de** hacer cambios en la política.

▶ **huir (la huida, huido[a]):** escapar, refugiarse
Los personajes de *Beltenebros* probablemente se encuentran en situaciones
muy peligrosas de las que tienen que **huir.**

▶ **contar (ue) (el cuento, la cuenta):** narrar, hablar sobre, relatar; numerar
El autor de *Beltenebros* cree que es importante que **cuente** una experiencia concreta.
Sería interesante **contar** cuántas veces los personajes huyen de situaciones peligrosas en la novela.

▶ **ocultar (la ocultación, oculto[a]):** esconder, cubrir secretamente
Según el autor de *Beltenebros,* la heroicidad de los personajes no se **oculta,** a pesar de lo malo que también hacen.

Adjetivos

▶ **receloso(a) (recelar):** sospechoso, que no confía
Uno se imagina que los personajes de la novela son **recelosos** a causa de la naturaleza de sus acciones clandestinas.

▶ **controvertido(a) (la controversia):** que provoca disputas o diferencias de opinión
Parece que al público le gusta leer de lo **controvertido,** especialmente en la política. Cuanto más **controvertido,** mejor.

▼
Palabras emparentadas
▲

Usando las palabras indicadas, forme frases que tienen significados parecidos a las originales. Algunos cambios estructurales serán necesarios a veces.

Modelo: *luchar*
Beltenebros trata de la lucha antifranquista.
En Beltenebros, *los antifranquistas* **luchan** *contra la dictadura.*

1. **equivocarse**
Los personajes cometen equivocaciones porque son héroes trágicos.

2. **desengañar**
Los antifranquistas fueron desengañados por los franquistas.

3. **controversia**
Los temas de la novela son controvertidos.

4. **huir**
De la entrevista, parece que el tema de la huida es también importante en el desarrollo de los personajes.

5. **mezcla**
El autor mezcló la luz y la oscuridad en su novela.

6. **ocultar**
La relación entre lo bueno y lo malo no está ocultada.

7. **receloso**
Los personajes probablemente recelan de otros que no conocen.

8. **trama**
Antonio Muñoz Molina tramó una novela llena de contradicciones y claroscuros.

Juguemos con las palabras

Adivine los significados de los cognados siguientes que vienen del artículo "En España nos gusta ser genios." Luego conteste las preguntas.

publica
novela
tragedia
organización clandestina
especial fascinación (por los)
    militantes antifascistas

proceso (de) creación
héroes trágicos
dimensión simbólica
inevitabilidad
anécdotas

1. Why do you think that this author is being interviewed?
2. Which words suggest a plot for the literature that is being discussed?
3. Which words suggest why the author chose to write about what he wrote?
4. From what source did the author get some of his information?

There are some false cognates in the article you are about to read.

▶ **Efectivamente** does not mean "effectively," but rather "really, truly."

▶ **El argumento** means "argument" in the sense of developing a story line. It is synonymous with **la trama.**

▶ **La historia** means both "history" and "story."

▶ **Actuales** does not mean "actual," but "current."

▼

**En otras
palabras**

▲

▶ **La obra** refers to a creative work. **El trabajo** means "work" in a general sense.

▶ **Contar** means both "to tell" and "to count." **El cuento** means "story." **La cuenta** means "bill, account."

▶ The verb **tratar** has several meanings in Spanish. **Tratar de** is used in the article with two different meanings: "to be about" and "to try." Here are some other meanings:

> **tratar** *to treat, to deal with, to handle*
>
> **tratar con** *to associate with,
> to have dealings with*
>
> **tratarse** *to treat each other*
>
> **tratarse de** *to be a question (matter) of*

Write an original sentence using each form of **tratar.** Keep in mind the theme of media and how they present a view of the world.

GE◖MUNDO

Un panorama
del mundo
a todo color

¡Coleccciónela!

▼

**Para su
información**

▲

The conjugation of **huir** shows a spelling change: **huyo, huyes, huye, huimos, huis, huyen**

Primer paso:
Preparémonos para leer

▼
Drawing inferences from what you read

Many authors invite the reader to participate in what they write by having the reader draw inferences or conclusions while reading a selection. Authors at times give subtle suggestions or hints without directly stating ideas. By reading carefully and using your reasoning abilities, it is likely that you'll have a greater sense of what you are reading.

▼
Apliquemos la estrategia
▲

Below is a comment made by the interviewer to the author and the author's response, taken from the article you are about to read. Read the segment and then answer the questions.

clave muy importante

> — **En sus libros, hay canciones y referencias literarias que juegan siempre un papel clave° en la vida de los personajes. Sin embargo, los suyos no son libros cultistas.**
> — Más de un crítico se ha quedado en las meras referencias culturales, reduciendo a eso la novela. Pero esas referencias no son el centro de gravedad de mis novelas. Son libros o canciones que si juegan un papel es porque forman parte de la vida de los personajes. De todas formas, en esta ocasión he extremado° la precaución y esas referencias son mucho más subterráneas. Las novelas de Rebeca Osorio son novelas de quiosco. Y la película que se proyecta en el cine donde transcurre° parte fundamental de la acción es *Vértigo,* de Hitchcock, pero yo sólo la describo, sin decir qué película es.

he extremado *I have taken great pains*

transcurre ocurre

1. The first sentence of the author's response suggests that he doesn't want critics to focus on songs and literary references in his novels. How does he suggest his opinion in the first sentence?
2. What do the words **he extremado la precaución** in talking about the use of certain references suggest to you?
3. How does the author contrast his work with that of Rebeca Osorio and Alfred Hitchcock?
4. What conclusion do you draw concerning the author's feelings about the use of literary references in his novels? How did you come to that conclusion?

▼
Anticipemos un poco
▲

1. The article you are about to read is an interview with a young Spanish author. Why might a magazine want to interview him?
2. What information might the interviewer want to know about an author?

En una sociedad progresista, la literatura hace un papel importante en la diseminación de ideas, particularmente entre la gente joven.

3. The novel described in the interview deals with militants opposed to Franco's dictatorship. How might this theme be developed?

4. The author writes about a difficult period in Spain's history. Why might he choose to undertake such a project?

▶ 2 ◀

**Segundo paso:
Ahora, leamos**

El artículo que Ud. va a leer fue publicado por la revista española popular Cambio 16. *Esta revista se vende por todo el mundo, por eso contiene un poco de todo: noticias mundiales y locales, política, arte, cultura, espectáculos, etc. En cada número hay también una entrevista. Este artículo tiene que ver con un joven escritor bastante conocido. ¡Quizás Ud. quiera leer sus novelas después de leer el artículo!*

Antonio Muñoz Molina:
«En España nos gusta ser genios»

José Manuel Fajardo

▲▲▲▲▲▲▲▲▲

A sus treinta y dos años, Antonio Muñoz Molina se ha confirmado como uno de los más sólidos valores de la narrativa española, reconocido con los premios° Nacional y de la Crítica. Ahora publica una nueva novela, Beltenebros: *una obra moral sobre la tragedia vivida por los militantes de la lucha antifranquista.*

premios *prizes*

— **Su nueva novela, *Beltenebros,* es la historia de una búsqueda.° Un hombre de una organización clandestina que viene a Madrid, en los años sesenta, para ejecutar a un traidor.° El tema de la búsqueda también está presente en *Beatus Ille* y en *El invierno en Lisboa.*°**

búsqueda *search*
traidor *traitor*
Beatus Ille* / *El invierno en Lisboa otras novelas de Antonio Muñoz Molina
voluntad *will*
código *code*
propicia *placates, appeases*
previsto anticipado
adentrarse penetrar
relato policiaco narración de detectives
roza se parece a
claves *keys, clues*
me di cuenta de entendí
girar *revolve*
filo *edge*
se encarnaba hacía un papel
surgieron aparecieron
clave muy importante

— La razón de eso es que el motor de mi escritura y, en general, de mi interés en la vida es la voluntad° de conocer. Los personajes que me interesan son los que quieren conocer algo. La literatura misma es una metáfora del conocimiento. Además, la búsqueda, la investigación, supone un código° narrativo que propicia° una disciplina constructiva y a la vez permite la irrupción de materiales irracionales que uno no había previsto.°

— **En sus novelas siempre parece a punto de adentrarse° en el relato policiaco,° sin llegar a hacerlo. En esta ocasión roza° el relato de espías, pero de nuevo habla en realidad de otra cosa. ¿Cuáles son las claves° de su libro?**

— Al principio, efectivamente, la novela era un puro argumento de espías. Hice una primera versión en tercera persona que no pasó de las cuarenta páginas. Pero sólo pude escribirla cuando me di cuenta de° que tenía que girar° sobre la sensación de *déjà vu,* de lo ya visto, sobre el filo° de una revelación. Entonces la escribí en primera persona y empecé a encontrar el material fundamental: la soledad, que ya estaba en mis otros libros, pero que aquí se encarnaba° en los espacios neutros de aeropuertos y hoteles. También surgieron° ideas, como el papel que las novelas de Rebeca Osorio iban a jugar en la historia.

— **En sus libros, hay canciones y referencias literarias que juegan siempre un papel clave° en la vida de los personajes. Sin embargo, los suyos no son libros cultistas.**

he extremado *I have taken great pains*

transcurre ocurre

— Más de un crítico se ha quedado en las meras referencias culturales, reduciendo a eso la novela. Pero esas referencias no son el centro de gravedad de mis novelas. Son libros o canciones que si juegan un papel es porque forman parte de la vida de los personajes. De todas formas, en esta ocasión he extremado° la precaución y esas referencias son mucho más subterráneas. Las novelas de Rebeca Osorio son novelas de quiosco. Y la película que se proyecta en el cine donde transcurre° parte fundamental de la acción es *Vertigo,* de Hitchcock, pero yo sólo la describo, sin decir qué película es.

Segundo paso: Ahora, leamos

Decida si las frases son verdaderas o falsas.

1. Antonio Muñoz Molina es un autor bien conocido.

2. *Beltenebros* trata de la victoria franquista.

3. La búsqueda es un tema central en las novelas de Antonio Muñoz Molina.

4. El autor se interesa por los personajes ignorantes.

5. La versión original de la novela fue escrita en tercera persona.

6. El tema de la soledad es imposible en aeropuertos y hoteles.

7. Las canciones y referencias literarias que usa Muñoz Molina no son de gran importancia.

trazan describen
retrato *portrait*
ha cumplido *have reached*
heredar *to inherit*
atravesar *to cross*
peste *plague*
guiño *wink*

— **¿Sus libros trazan° en cierto modo un retrato° de la educación sentimental de su generación, la que aún no ha cumplido° los cuarenta años?**

— Es que nosotros hemos querido heredar° la vanguardia cultural de los años treinta. Para construir nuestra conciencia cultural, nuestro mundo, hemos tenido que atravesar° un desierto, volver hasta nuestros abuelos para recuperar el coraje intelectual de entonces. *Beatus Ille,* por ejemplo, no trataba de la Guerra Civil sino de la relación de mi generación con la Guerra Civil. Pero hay que huir como de la peste° de algo que abunda en la *intelligentzia* española: el guiño° y la búsqueda de la identificación tribal inmediata. *La educación sentimental,* de Flaubert, es el libro de una generación, la de los desengañados de la revolución de 1848, pero es un libro para todas las generaciones. Algunas de las novelas generacionales actuales son sin embargo indescifrables° para los demás.

indescifrables impenetrables
lograr *achieve*
perdurable que dura mucho tiempo
suele faltar generalmente no tiene
nervio energía
soltar *to let go of, to put down*
ingrato desagradable
almas *souls*
atroz enorme
lealtad *loyalty*
traición *treason*
barreras *barriers*
difuminándose *stumping each other*

— **¿Dónde está el secreto para lograr° esa universidad?**

— En contar una experiencia concreta con materiales que la hagan perdurable.° La novela tiene una parte artesanal importantísima, pero como en España lo que nos gusta es ser genios pues suele faltar° esa parte artesanal que tienen los narradores ingleses, por ejemplo Graham Greene. A mí lo que me gustaría es tener esa solvencia técnica y artesanal.

— ***Beltenebros* es una novela con nervio° también, una novela difícil de soltar.° ¿Su proceso de creación ha sido tan fácil como su lectura hace parecer?**

— No, ni mucho menos. Yo fui feliz mientras escribía *El invierno en Lisboa.* Me divertía con las cosas que hacían o decían los personajes. *Beltenebros* ha sido un libro más ingrato° de escribir, porque no he tenido una identificación emocional directa con los personajes. Son personajes difíciles de penetrar en sus almas.° Hay en él una soledad atroz.° Creo que he contado cosas atroces en este libro. En él están la lealtad° y la traición° y las barreras° morales difuminándose.° Nada está claro, ni siquiera se sabe cómo se llaman realmente los personajes porque todos tienen nombre falso.

7 Los medios de difusión: ¿Qué opina Ud?

Complete las frases con las palabras adecuadas según el contexto del artículo.

1. El autor cree que para construir la conciencia cultural de su generación, es necesario _____ .

2. El autor evita escribir novelas generacionales porque dice que son _____ para los demás.

3. Antonio Muñoz Molina cree que las novelas españolas no tienen _____ como las de Graham Greene, la que opina que es importantísima.

4. El autor tuvo dificultades en escribir *Beltenebros* porque no tenía _____ .

5. En *Beltenebros* hay contrastes entre la lealtad y _____ .

6. Es difícil saber cómo se llaman los personajes porque _____ .

— **Usted parece sentir una especial fascinación por los militantes antifascistas, un tema que no está muy de moda° en estos tiempos de diseño° y apología del arribismo° social.**

— Lo que pasa es que esos hombres son un material humano impresionante. Las figuras de los luchadores clandestinos antifranquistas son un misterio: pasaban la frontera° e iban a luchar contra un cíclope. Venían a España y sabían que tarde o temprano° iban a caer. Y ahí existe una mezcla de heroicidad y de canallada°, pero la heroicidad no puede ser ocultada por la canallada.

— **Sin embargo, usted no hace una apología de esos hombres. Su relato está lleno de claroscuros,° de contradicciones.**

— Porque son héroes trágicos, no son los héroes simplistas del estalinismo° ni son héroes de tebeo°: son héroes de tragedia griega. Gente que cometió equivocaciones pero que supo elegir, porque entonces había que elegir. El personaje de Walter, por ejemplo, está inspirado en Quiñones y en Trilla, dos hombres que en 1940 tuvieron el valor de venirse a España a organizar el PCE.° ¿De qué temple° son esos hombres? Esa gente que no se rindió°, que supo seguir aspirando a la libertad, se convierte en símbolo de lo mejor que hay en nosotros. Yo he hablado con supervivientes° de aquello, que son albañiles°, gente normal, y a esas personas les debemos lo que somos. Si España no se ha hundido° moralmente por completo en el fango° de la dictadura es gracias a ellos.

— ***Beltenebros* es uno de los nombres de Satanás. ¿En el libro hay también una metáfora del ángel caído, una lectura mítica?**

— Hay que contar tramas que tengan una dimensión simbólica, pero ésta no puede ser un añadido.° Se trata, como señalaba Pavese,° de que la misma narración sea la metáfora. En este caso, lo que define a la novela es la oscuridad. Hay alternancias entre luz y oscuridad. E incluso un descenso a los infiernos, al mundo de Beltenebros. Toda la novela parece que trata de la inutilidad de la acción, de la inevitabilidad de la traición, pero trata también de todo lo contrario: hay un sentido en los actos. Hay oscuridad, pero también hay luz.

de moda *popular*
diseño *design*
arribismo *unscrupulous ambition*
frontera división entre dos países
tarde o temprano *sooner or later*
canallada *dirty trick, vile trick*
claroscuros contrastes
estalinismo *Stalinism*
tebeo *comic books*
PCE Partido Comunista Español
temple espíritu
no se rindió *didn't surrender*
supervivientes *survivors*
albañiles *bricklayers*
hundido *sunk*
fango deshonor
añadido *addition*
Pavese Cesare Pavese, escritor italiano que se suicidó

Segundo paso: Ahora, leamos

Escoja la respuesta más apropiada.

1. Aunque el tema de los militantes antifascistas no es muy popular hoy en día, le interesa a Antonio Muñoz Molina porque
   a. sabían que iban a caer.
   b. eran héroes y canallas al mismo tiempo.
   c. lucharon contra un cíclope.

2. Los héroes de *Beltenebros* son
   a. héroes trágicos.
   b. héroes simplistas.
   c. héroes de tebeo.

3. Antonio Muñoz Molina cree que los españoles deben mucho a
   a. los estalinistas.
   b. los franquistas.
   c. la gente que aspiraba a la libertad.

4. En *Beltenebros,*
   a. hay una mezcla de luz y oscuridad.
   b. Satanás es un personaje.
   c. el protagonista es un ángel caído.

— Como en sus otras novelas, Madrid vuelve a ser escenario de la trama. ¿Por qué esa fascinación en un autor que vive en Granada?

— Es verdad. En la primera línea del libro ya sale Madrid: «Vine a Madrid para matar° a un hombre al que no había visto nunca.» Y en *El invierno en Lisboa* el eje° es una conversación que transcurre precisamente en Madrid. Tengo una especie de fascinación recelosa. Madrid es una ciudad alternativamente infernal o bellísima. En Madrid la soledad es de una intensidad casi pornográfica, como esos portales° con una bombilla° al fondo en los que parece que vas a entrar al infierno. Pero he tratado que Madrid aparezca en *Beltenebros* no como un decorado ni tampoco como esa cara cutre° de la ciudad que tanto gusta a otros. He buscado un Madrid realista pero no costumbrista.

— Antes hablaba de su documentación para escribir *Beltenebros*. ¿En quién se ha basado para trazar el retrato° del personaje Andrade?

— Me he basado en cosas que me han contado, en anécdotas. Pero, físicamente, me basé en la fotografía de Julián Grimau para describirle.

— Su libro maneja un material literario difícil. Son personajes y épocas controvertidas. ¿Le ha sido difícil acercarse a° ellos desde un punto de vista estrictamente literario?

— Sí. Para escribir esta novela he tenido que enfriar° mucho el material que tenía que utilizar. Era un material muy caliente. Para eso he recurrido a Kafka, a la parábola, a la lisura° de la narración. He querido evitar las referencias políticas concretas, el costumbrismo o los ajustes de cuentas.°

Reprinted with permission.

matar ejecutar, eliminar
eje *axis*

portales *entrance halls*
bombilla luz eléctrica
cutre *mean, miserly*

trazar el retrato describir la personalidad

acercarse a *to get close to*
enfriar *to cool down*
lisura *smoothness*
ajustes de cuentas *settling of accounts*

7 Los medios de difusión: ¿Qué opina Ud?

Muchas veces, la literatura española e hispanoamericana mezcla lo imaginario
y lo político.

Decida si las frases son verdaderas o falsas.

1. La acción de la novela tiene lugar en Granada, donde vive el autor.
2. La trama de *El invierno en Lisboa* tiene lugar en Madrid.
3. El autor tiene sentimientos mezclados respecto a Madrid.
4. El personaje Andrade se parece a alguien verdadero.
5. El autor se identifica fácilmente con el material literario de su novela.

► 3 ◄

Tercer paso:
Volvamos a leer

Vuelva Ud. al artículo y léalo por lo menos una vez más. Corrija las respuestas de
las pruebas. Si hay errores, lea el trozo que malentendió hasta entenderlo.

▼
**¿Comprendió
Ud. la lectura?**
▲

A **¿Cuánto recuerda Ud.?** Conteste las preguntas según el artículo que acaba
de leer. Trate de usar sus propias palabras.

1. ¿Cómo se sabe que Antonio Muñoz Molina es un autor bien conocido?
2. ¿Cómo se llaman sus novelas?

3. ¿Por qué le interesa a Muñoz Molina el tema de la búsqueda?

4. ¿Cómo difiere la segunda versión de *Beltenebros* de la primera?

5. ¿En qué se basa el material fundamental de *Beltenebros?*

6. ¿Por qué no se consideran cultistas las novelas de Antonio Muñoz Molina?

7. ¿De dónde viene la conciencia cultural de la generación del novelista?

8. Para Muñoz Molina, ¿cuál es la clave para lograr la universalidad en sus novelas? ¿Por qué le importa esa universalidad?

9. Según Muñoz Molina, ¿qué les falta a los escritores españoles? ¿Por qué?

10. ¿Por qué fue *Beltenebros* difícil de escribir para el autor?

11. ¿Por qué se interesa Muñoz Molina tanto por los militantes antifranquistas?

12. ¿Cómo describe el novelista a sus héroes?

13. ¿Cuál es el nivel simbólico de *Beltenebros?*

14. ¿Por qué es que Madrid es el escenario de dos novelas de Muñoz Molina?

15. ¿De dónde vino la información que utilizó el autor para escribir su última novela?

B **Prueba de vocabulario.** Forme frases usando los grupos de palabras que aparecen a continuación. Las frases deben tener algo que ver con el artículo sobre Antonio Muñoz Molina.

Modelo: obra / mezcla
*La **obra** de Antonio Muñoz Molina es una **mezcla** de claridad y de oscuridad.*

1. contar / trama
2. personaje / soledad
3. lucha / huir
4. novela / tratar de
5. ocultar / heroicidad

6. luchar / controvertido
7. mezclar / temas
8. el desengañado / equivocarse
9. infierno / personajes
10. receloso / solo

Reaccionemos
▲▲▲▲▲▲▲▲▲▲

C **Analicemos el artículo.** Formen Uds. grupos pequeños para hablar de estas ideas. Después, compartan sus ideas con las de la clase entera.

1. el valor histórico de una novela sobre los militantes antifranquistas
2. los temas de *Beltenebros*

3. la necesidad de ciertas referencias culturales y literarias en *Beltenebros*

4. el significado de la cita siguiente de Muñoz Molina: "La literatura misma es una metáfora de conocimiento."

5. el origen de la palabra **Beltenebros** y su importancia en la novela

6. el hecho de que el autor escribe sobre una época no muy popular hoy en día

7. el heroismo versus la canallada y la importancia de los claroscuros en la novela

8. la fascinación con Madrid como escenario para sus novelas

9. la importancia de la última línea del artículo: "He querido evitar las referencias políticas concretas, el costumbrismo o los ajustes de cuentas."

D **Solicitamos su opinión.**

1. *Beltenebros* es una novela basada en hechos históricos. ¿Puede un lector aprender algo acerca de una época por leer una obra de ficción? Explique.

2. Después de leer la entrevista con Antonio Muñoz Molina, ¿le gustaría a Ud. leer *Beltenebros?* ¿Por qué sí o por qué no?

3. ¿Cuál es su opinión del valor de una obra de ficción que trata hechos históricos? Dé ejemplos para apoyar sus ideas.

4. ¿Cómo aprende Ud. sobre lo que pasa en el mundo? ¿Qué lee Ud. para saber lo que ocurre?

5. Hay muchos medios de difusión hoy en día. ¿Cuáles son los métodos para saber lo que pasa en el mundo? ¿Podemos incluir las novelas históricas? ¿Por qué sí o por qué no?

6. Parece que la mayoría de las novelas históricas trata de algo político. ¿Por qué cree Ud. que es así?

7. ¿Qué eventos que ocurren hoy en día son controvertidos? ¿Sería posible escribir novelas sobre algunos de estos eventos? Comente.

8. ¿Se puede decir que la novela histórica es una forma de periodismo? Explique.

9. ¿Le gustaría a Ud. ser un(a) escritor(a) famoso(a)? ¿Sobre qué escribiría Ud.? ¿Por qué?

10. ¿Qué preguntas le haría Ud. a un(a) autor(a) famoso(a)? ¿Por qué?

E **Debate.**   Formen grupos. Un grupo debe defender las ideas siguientes y el otro debe criticarlas.

1. Los eventos de las noticias no son material para la ficción. La verdad es la verdad y la ficción es la ficción; no se mezclan las dos.

2. Los temas controvertidos son el mejor material para las novelas. Al público le encanta la controversia.

3. Un autor que emplea eventos históricos en su obra no tiene tanto talento creativo como un autor que lo inventa todo.

F Temas escritos

1. Escoja un evento que ocurre hoy en las noticias. Descríbalo. Luego, desarrolle una trama para una novela o un cuento. Invente personajes con nombres, lugares y acciones.

2. Critique la entrevista con Antonio Muñoz Molina. ¿Qué piensa Ud. de su filosofía sobre su arte, sobre sus obras y sobre sus temas?

Respuestas a las pruebas

p. 84 1. V   2. F   3. V   4. F   5. V   6. F   7. F

p. 85 1. volver al pasado (a los abuelos)
2. indescifrables
3. una parte artesanal
4. una identificación emocional directa con los personajes
5. la traición
6. todos tienen nombre falso

p. 86 1. b   2. a   3. c   4. a

p. 87 1. F   2. V   3. V   4. V   5. F

---

7   Los medios de difusión: ¿Qué opina Ud?

CAPÍTULO 8

Las relaciones humanas: ¡complicadísimas!

▼

Para vivir feliz, es necesario tener buenas relaciones con otras personas, sean parientes, amigos o novios. A menudo no es fácil crear nuevas relaciones ni mantener viejas relaciones.

En este capítulo, vamos a examinar varios tipos de relaciones, especialmente las que existen entre una madre y su hija. "Al colegio", el cuento de este capítulo, tiene que ver con esta relación especial y las emociones que ambas comparten.

¿Cuál es la relación entre la mujer y la chica?

▼

¿Cuáles son las emociones que sienten estas personas?

▼

¿Cuál es la relación humana que más le importa a Ud.? Explique.

▼

¿Qué cosas son importantes para mantener una relación con otra persona?

▲▲▲▲▲▲▲▲▲▲

▼
Palabras en contexto
▲

Sustantivos

▶ **la tentación (tentado[a], tentar [ie]):** algo que es difícil de resistir
Para la mujer, **la tentación** de besar a su hija era enorme, pero la resistió.

▶ **la fila:** una línea, una cola, algo que está detrás de otra cosa, etc.
Había **una fila** de niños que esperaban entrar en su escuela.

▶ **el alma** *(f.)*: el espíritu de una persona
El alma de esta niña era pura e inocente.

▶ **el apretón (apretar [ie], apretado[a]):** la acción cuando algo está en las manos y se ejerce presión sobre la cosa
El apretón de manos les importaba a las dos.

Verbos

▶ **dejar de** + *infinitivo*: no continuar + *infinitivo*
La mujer no quería pensar en la salida de su niña, por eso decidió **dejar de pensar** en ella.

▶ **darse cuenta de:** comprender algo después de pensar
La madre **se dio cuenta de**l cambio de la relación entre ella y su hija.

▶ **escoger (escogido[a]):** seleccionar entre algunas cosas
La madre **había escogido** un colegio bueno para su hija.

▶ **llenar (lleno[a]):** poner todo lo posible en un recipiente, como agua en un vaso
Al ver a su hija que estaba en el colegio nuevo, los ojos de la madre se **llenaron** de orgullo y de admiración.

LA VUELTA AL COLE.

CONFECCIÓN Y ZAPATERÍA INFANTIL

10%

DEL IMPORTE EN CORTTYCOLES DE REGALO

Cuenta, cuenta...
En confección y zapatería infantil, este curso tienes un diez. Un 10% del importe de tu compra, en corttycoles de regalo. Válidos para adquirir libros de texto, juguetes, deportes y material escolar. Prepara la vuelta al cole en El Corte Inglés. Y verás qué poco cuesta.

▶ **crecer (creciente):** hacerse más grande o mayor, ponerse maduro
La madre no notó cuánto **había crecido** su hija hasta ese día.

▶ **besar (el beso):** unir los labios y ponerlos sobre la cara o los labios de otra persona
Al salir, la madre y la niña normalmente se **besaban,** pero hoy era diferente.

▶ **encender (ie) (encendido[a]):** hacer algo más brillante, poner (una luz)
Una luz brillante **enciende** los ojos de la niña.

Adjetivos

▶ **cogido(a) (coger):** unido, tomado
La mujer y su hija caminaban **cogidas** de la mano.

▶ **parado(a) (parar):** sin movimiento

La mujer vio una fila de taxis **parados** que esperaba clientes.

▶ **tierno(a) (la ternura):** que muestra compasión, cariño
La madre miró a su hija y le hizo una sonrisa **tierna** para que supiera cuánto la quería.

Adverbio
▶ **lejos (lejos de, lejano[a], alejarse):** lo contrario de *cerca*
El colegio estaba **lejos;** la niña tendría que tomar el autobús.

▼
Palabras emparentadas
▲

Complete las frases con las formas correctas de las palabras a continuación.

Modelo: coger, cogido
*La niña **cogió** la mano de su madre. Las dos caminaron muchas cuadras **cogidas** de la mano.*

1. **la tentación, tentador, tentar**
   _____ de besar a su hija era enorme, pero la mujer sabía que ese sentimiento _____ desaparecería. Los adioses siempre la _____ a besarla, pero tenía que resistir.

2. **lejos, lejano, alejarse**
   La escuela está _____ de la casa; es una escuela _____ . La mamá _____ de la escuela, pensando en su hija.

3. **llenar, lleno**
   El orgullo maternal _____ el corazón de la mujer. Toda su alma estaba _____ de orgullo.

4. **escoger, escogido**
   La mujer tuvo dificultades en _____ un colegio para su hija. El colegio _____ , aunque lejos de la casa, le gustaría.

5. **crecer, creciente**
   Este sentimiento _____ le molestaba. Tenía que aceptar el hecho de que su hija _____ y que era mayor.

6. **el apretón, apretar, apretado**
   La mamá le _____ la mano a su hija. Para ella, este último _____ era importante. La mano _____ representaba la emoción que las dos compartían.

7. **besar, el beso**
   La niña tendría vergüenza si su madre la _____ . Para una niña de su edad, _____ representaría la dominación materna y la falta de independencia.

8. **tierno(a), la ternura**
   Este último apretón _____ mostró _____ que sentía la madre hacia su hija.

9. **encender, encendido**
   Los ojos _____ revelaron el entusiasmo que tenía la niña. La idea de asistir al colegio por primera vez le _____ toda la cara.

Juguemos con las palabras   93
▲

Adivine los significados de los cognados que vienen del cuento "Al colegio".

emocionada   (su) increíble energía   (una) caricia tímida
meditar   solitaria   acompañar
escapadas   impaciente   (mi) disposición
exhausta

1. How might the mother in this story feel in the presence of her daughter?

2. Which words might describe the daughter?

3. About what might the mother be thinking?

4. What emotions are suggested in these words?

There are several false cognates in "Al colegio."

▶ **Largo(a)** means "long," not "large."

▶ **El colegio** refers to schools below the university level. It does not mean "college" **(la universidad).**

▶ **Gracioso(a)** does not always mean "gracious." In this story, it means "funny."

▶ **La fila** is used to describe a line of people, things, etc. **La línea** is used for a phone line, a line that is drawn, etc.

▶ Be careful using the expression **darse cuenta de**. It is used as the English "to realize (to come to a realization)." The Spanish verb **realizer** means "to realize" in the sense of "to achieve something," as in goals.

▶ The verb **dejar** has several uses in Spanish. When followed by **de** and an infinitive, it means "to stop *verb* + ing" or "to fail to *verb*." When used without **de,** it means "to allow, to permit" or "to leave (something)."

▶ Do you remember weather expressions? Match them to the correct definitions.

a. Hace fresco.   1. It's humid.

b. la niebla   2. a brisk wind / air

c. Está húmedo.   3. It's chilly.

d. la lluvia   4. the rain

e. un aire vivo   5. clouds

f. las nubes   6. the fog, mist

▶ The adverb **tan** is used with many adjectives in this story. It means "so + *adjective*." Guess the meanings of the following words.

a. tan agradable   c. tan decidida   e. tan nerviosa

b. tan graciosa   d. tan suave   f. tan tontamente

8   Las relaciones humanas: ¡complicadísimas!

▶ The present participle is used throughout "Al colegio." It translates as *"verb + ing"* and is often used with **estar** to emphasize an action in progress. Here are some of the present participles in the story. Guess their infinitives.

-ar verbs gerunds	Meaning	Infinitive
andando	*walking*	_____
esperando	*waiting, hoping for*	_____
alejando	*moving away*	_____
***-er* verb gerund**		
corriendo	*running*	_____
***-ir* verb gerund**		
huyendo	*fleeing*	_____

▶ 1 ◀

Primer paso: Preparémonos para leer

▼
Guessing
▲

If you read carefully, it is often possible to determine the meanings of unfamiliar words or phrases without using a dictionary. The context of the passage in which the word or phrase appears can usually help you understand it. Look at this example:

> . . . al final, compraremos **barquillos** — como hago cuando voy con ella — y nos los comeremos alegremente . . .

Suppose you don't know what the word **barquillos** means. Look at the rest of the sentence. Most of the other words are probably familiar to you, which of course will help you to determine what **barquillos** means. You can tell by the verbs **compraremos** and **comeremos** that the action will take place in the future, and that **barquillos,** a noun, is something that can be bought (it is the object of **compraremos**). It is also something that can be eaten (as shown by the direct object pronoun **los,** which refers back to **barquillos**). Even if you do not know exactly what **barquillos** means *(rolled wafers),* you can still understand that these people will buy and eat them and that they will make them happy (as shown by the adverb **alegremente**).

▼
Apliquemos la estrategia
▲

Here are some other examples from the story you are about to read. Try to determine the general meaning of the italicized words. First, try to guess the part of speech the word is by looking at the surrounding grammar. Then see if it is repeated elsewhere in the text, if it is compared to anything else in the text, or if you can deduce the meaning from the context. Share your ideas with classmates.

1. Yo me he quitado *el guante* para sentir la mano de la niña en mi mano . . .
2. A todos los árboles de la calle se les caen *las hojas* . . .
3. . . . que cuando salgo de casa con la niña tengo la sensación de que *emprendo* un viaje muy largo.
4. . . . y cortarle *las uñas,* porque al meterle *las manoplas* me doy cuenta de que han crecido . . .

▼
**Anticipemos
un poco**
▲

1. This story, written in the first person, deals with a mother's relationship with her young daughter. What effect does a story written in the first person have? Describe some emotions in a mother-daughter relationship.
2. What does the title, "Al colegio," suggest to you?
3. Think back to when you began school. How did you feel? What emotions did your parents feel? Did these feelings change when you entered high school?

▶ 2 ◀

Segundo paso:
Ahora, leamos

Carmen Laforet (1921 –   ) es una novelista española de Barcelona. Sus dos novelas más conocidas son Nada *(1945), que trata de la vida española después de la Guerra Civil, por la cual recibió el Premio Nadal, y* La isla y los demonios *(1953). Este cuento "Al colegio" viene de una colección que se titula* Mis páginas mejores. *No es exactamente un cuento, sino una estampa o un recuerdo.*

Al colegio
Carmen Laforet
▲▲▲▲▲▲▲▲▲

sucio *dirty*
me he quitado *I have taken off*
el guante *glove*
amical *agradable, amable*
estrecho *aprieto*
su propietaria *la dueña (se refiere a la niña)*
rabillo de los ojos *corner of her eyes*

Vamos cogidas de la mano, en la mañana. Hace fresco, el aire está sucio° de niebla. Las calles están húmedas. Es muy temprano.

Yo me he quitado° el guante° para sentir la mano de la niña en mi mano, y me es infinitamente tierno este contacto, tan agradable, tan amical,° que la estrecho° un poquito emocionada. Su propietaria° vuelve hacia mí la cabeza, y con el rabillo de los ojos° me sonríe. Sabe perfectamente la importancia de este apretón, sabe que yo estoy con ella y que somos más amigas hoy que otro día cualquiera.

8   Las relaciones humanas: ¡complicadísimas!

Esta niña y su madre parecen estar muy contentas la una con la otra.

se les caen las hojas
*the leaves are falling
off*

Viene un aire vivo y empieza a romper la niebla. A todos los árboles de la calle se les caen las hojas,° y durante unos segundos corremos debajo de una lenta lluvia de color tabaco.

— Es muy tarde; vamos.

— Vamos, vamos.

Pasamos corriendo delante de una fila de taxis parados, huyendo de la tentación. La niña y yo sabemos que las pocas veces que salimos juntas casi nunca dejo de coger un taxi. A ella le gusta; pero, a decir verdad, no es por alegrarla por lo que lo hago; es, sencillamente, que cuando salgo de casa con la niña tengo la sensación de que emprendo° un viaje muy largo. Cuando medito una de estas escapadas, uno de estos paseos, me parece divertido ver la chispa° alegre que se le enciende a ella en los ojos, y pienso que me gusta infinitamente salir con mi hijita mayor y oírla charlar; que la llevaré de paseo al parque, que le iré enseñando, como el padre de la buena Juanita,° los nombres de las flores; que jugaré con ella, que nos reiremos, ya que es tan graciosa, y que, al final, compraremos barquillos — como hago cuando voy con ella — y nos los comeremos alegremente.

emprendo empiezo
chispa *spark*
el padre de la buena
    Juanita el padre de la
    buena Juanita le
    enseña cosas: viene de
    un cuento español
    para niños

Decida si las frases son verdaderas o falsas.

1. Hace mal tiempo; por eso los personajes no salen.
2. La mamá y la niña son muy amigas. Es obvio que se quieren.
3. Es la primavera. Hay flores y pájaros que cantan y hace sol.
4. La mamá y la niña deciden tomar un taxi.
5. Muchas veces, ellas van al parque y la mamá le enseña las flores, juegan y comen cosas.

Segundo paso: Ahora, leamos

▲

peinarla y hacerle las trenzas *comb her hair and braid it*

retorcidas *twisted*

rabitos dorados *golden little tails*

gorro *sombrero*

se tiró *she spilled, dropped on herself*

uñas *fingernails*

manoplas *mittens*

me cuelga como un manto *hangs on me like a cloak, shawl*

con los labios sin pintar *without lipstick*

arrastrada *pulled*

hundimiento *giving in*

se me desvanece *se me desaparece, se me pierde*

Luego resulta que la niña empieza a charlar mucho antes de que salgamos de casa, que hay que peinarla y hacerle las trenzas° (que salen pequeñas y retorcidas,° como dos rabitos dorados,° debajo del gorro°) y cambiarle el traje, cuando ya está vestida, porque se tiró° encima un frasco de leche condensada, y cortarle las uñas,° porque al meterle las manoplas° me doy cuenta de que han crecido . . . Y cuando salimos a la calle, yo, su madre, estoy casi tan cansada como el día en que la puse en el mundo . . . Exhausta, con un abrigo que me cuelga como un manto°; con los labios sin pintar° (porque a última hora me olvidé de eso), voy andando casi arrastrada° por ella, por su increíble energía, por los infinitos "porqués" de su conversación.

— Mira, un taxi. Este es mi grito de salvación y de hundimiento° cuando voy con la niña . . . Un taxi.

Una vez sentada dentro, se me desvanece° siempre aquella perspectiva de pájaros y flores y lecciones de la buena Juanita, y doy la dirección de casa de las abuelitas, un lugar concreto donde sé que todos seremos felices: la niña y las abuelas, charlando, y yo, fumando un cigarrillo, solitaria y en paz.

Complete las frases con las palabras adecudas según el contexto del cuento.

1. Antes de salir, la mamá tiene que _____ .

2. La mamá sale a la calle _____ .

3. La niña casi arrastra a su madre porque tiene mucha _____ y siempre le pregunta a su mamá _____ .

4. A veces toman un taxi y ellas van a _____ .

5. En casa de las abuelas, la niña y las abuelas _____ y la mamá _____ .

---

pasamos de largo *pasamos sin parar*

caricia *caress*

le late el corazón *her heart is beating*

ir a buscarlo *find her way there*

orgullo *pride*

mejillas *cheeks*

Pero hoy, esta mañana fría, en que tenemos más prisa que nunca, la niña y yo pasamos de largo° delante de la fila tentadora de autos parados. Por primera vez en la vida vamos al colegio . . . Al colegio, le digo, no se puede ir en taxi. Hay que correr un poco por las calles, hay que tomar el metro, hay que caminar luego, en un sitio determinado, a un autobús . . . Es que yo he escogido un colegio muy lejano para mi niña, ésa es la verdad; un colegio que me gusta mucho, pero que está muy lejos . . . Sin embargo, yo no estoy impaciente hoy, ni cansada, y la niña lo sabe. Es ella ahora la que inicia una caricia° tímida con su manita dentro de la mía; y por primera vez me doy cuenta de que su mano de cuatro años es igual a mi mano grande: tan decidida, tan poco suave, tan nerviosa como la mía. Sé por este contacto de su mano que le late el corazón° al saber que empieza su vida de trabajo en la tierra, y sé que el colegio que le he buscado le gustará, porque me gusta a mí, y que aunque está tan lejos, le parecerá bien ir a buscarlo° cada día, conmigo, por las calles de la ciudad . . . Que Dios pueda explicar el por qué de esta sensación de orgullo° que nos llena y nos iguala durante todo el camino . . .

Con los mismos ojos ella y yo miramos el jardín del colegio, lleno de hojas de otoño y de niños y niñas con abrigos de colores distintos, con mejillas° que el aire mañanero vuelve rojas, jugando, esperando la llamada a clase.

8   Las relaciones humanas: ¡complicadísimas!

Escoja la respuesta más apropiada.

1. La mamá y la niña tienen mucha prisa y
   a. deciden tomar un taxi.
   b. corren por las calles.
   c. toman el coche.

2. Para llegar al colegio, la niña tendrá que
   a. tomar el autobús.
   b. tomar el metro.
   c. correr por las calles, tomar el metro, caminar y tomar un autobús.

3. Las dos están nerviosas porque
   a. ésta es la primera vez que la niña va al colegio.
   b. no saben llegar al colegio.
   c. la niña tiene solamente cuatro años.

4. Las dos están muy
   a. orgullosas.
   b. cansadas.
   c. impacientes.

vergüenza *embarrassment*
valerse por sí misma *to get along by herself*
rincón *corner*

Me parece mal quedarme allí; me da vergüenza° acompañar a la niña hasta última hora, como si ella no supiera ya valerse por sí misma° en este mundo nuevo, al que yo la he traído . . . Y tampoco la beso, porque sé que ella en este momento no quiere. Le digo que vaya con los niños más pequeños, aquellos que se agrupan en el rincón,° y nos damos la mano, como dos amigas. Sola, desde la puerta, la veo marchar, sin volver la cabeza ni por un momento. Se me ocurren cosas para ella, un montón de cosas que tengo que decirle, ahora que ya es mayor, que ya va al colegio, ahora que ya no la tengo en casa, a mi disposición a todas horas . . . Se me ocurre pensar que cada día lo que aprenda en esta casa blanca, lo que la vaya separando de mí — trabajo, amigos, ilusiones nuevas —, la irá acercando de tal modo a mi alma, que al fin no sabré dónde termina mi espíritu ni dónde empieza el suyo . . .

acera *sidewalk*
manchada *sucia*
campana *bell*
anhelante *longed for, yearned for*
aula *la sala de clase*
pupitre *una mesa para escribir, para estudiantes en la clase*
dibujada *escrita*
tiza amarilla *yellow chalk*

Y todo esto quizá sea falso . . . Todo esto que pienso y que me hace sonreír tan tontamente, con las manos en los bolsillos de mi abrigo, con los ojos en las nubes.

Pero yo quisiera que alguien me explicase por qué cuando me voy alejando por la acera,° manchada° de sol y niebla, y siento la campana° del colegio llamando a clase, por qué, digo, esa expectación anhelante,° esa alegría, porque me imagino el aula° y la ventana, y un pupitre° mío pequeño, donde veo el jardín, y hasta veo clara, emocionantemente dibujada° en la pizarra con tiza amarilla° una A grande, que es la primera letra que yo voy a aprender . . .

Reprinted with permission.

Decida si las frases son verdaderas o falsas.

1. La mamá besa a la niña antes de salir.
2. La niña va a reunirse con los otros niños sin mirar a su mamá.

Segundo paso: Ahora, leamos   99
▲

3. La mamá tiene miedo de que su relación con su hija vaya a cambiar.

4. La mamá va a experimentar otra vez sus días en la escuela, viviendo los de su hija.

▶ 3 ◀

Tercer paso:
Volvamos a leer

Vuelva Ud. al cuento y léalo por lo menos una vez más. Corrija las respuestas de las pruebas. Si hay errores, lea el trozo que malentendió hasta entenderlo.

▼
¿Comprendió Ud. la lectura?
▲

A **¿Cuánto recuerda Ud.?** Conteste las preguntas según el desarrollo del cuento. Trate de usar sus propias palabras.

1. ¿Qué tiempo hace? ¿Cómo se sienten la mujer y la niña?

2. ¿Cuál es la actitud de la madre cuando sale con su hija? ¿Qué hacen muchas veces durante los paseos?

3. ¿Qué hace la mamá antes de que las dos salgan? ¿Cómo sale la mamá?

4. Cuando cogen un taxi, ¿adónde van? ¿Cómo se siente la mamá?

5. ¿Adónde van esta mañana? ¿Qué diferencias hay en la mamá hoy? ¿Cómo está la niña? ¿Por qué?

6. ¿Cómo es el colegio?

7. ¿Qué quiere hacer la mamá antes de dejar a su niña en la escuela? Explique.

8. ¿En qué piensa la mamá al regresar a casa? ¿Por qué?

B **Prueba de vocabulario.** Usando estas palabras de vocabulario, escriba una frase que resuma algo de lo que ocurrió en la estampa. Siga el modelo.

Modelo: coger / cogido
*La mamá y la niña **cogen** un taxi para ir a la casa de las abuelas.*
*La niña **cogió** la mano de su mamá al caminar.*
*Las dos, **cogidas** de la mano, sienten la ternura de su relación.*

1. dejar de + *infinitivo*
2. la tentación / tentado / tentar
3. la fila
4. lejos / lejano / alejarse
5. tierno / la ternura

6. darse cuenta de
7. el alma
8. escoger / escogido
9. un apretón / apretado / apretar
10. encender / encendido

8 **Las relaciones humanas: ¡complicadísimas!**

C **Asociaciones.** Escriba Ud. una frase que explique algo del cuento asociado con estas palabras.

> **Modelo:** húmedo
> *Las calles por las que caminaban estaban **húmedas.***

1. la mano
2. exhausta
3. un taxi
4. "la buena Juanita"

5. los barquillos
6. el pelo de la niña
7. las manoplas

8. lleno / llenar
9. besar / el beso
10. una A grande

Reaccionemos
▲▲▲▲▲▲▲▲▲▲

D **Analicemos el cuento.** Formen grupos pequeños para hablar de estas ideas. Después, compartan sus ideas con las del resto de la clase.

1. por qué hay tantas referencias al tiempo
2. la cantidad de diálogo
3. los cambios entre las actividades y sentimientos cotidianos y los del primer día de clases
4. la organización de la estampa (la persona en la que está escrita, el tono, etc.)
5. la descripción de la escuela
6. la importancia del momento presente y del pasado
7. el último párrafo

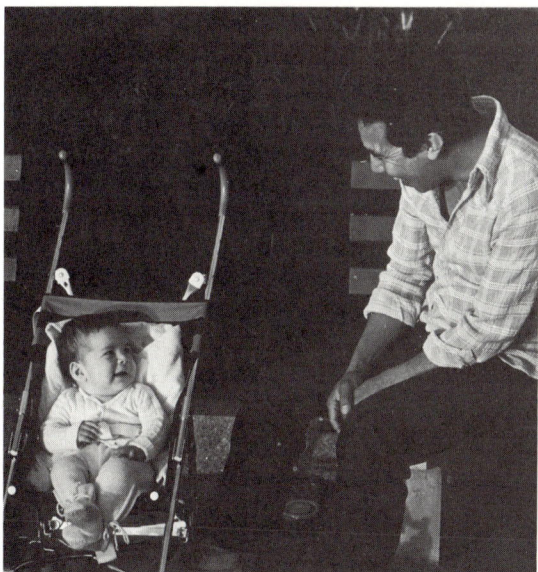

También las relaciones entre un hijo o una hija y su padre pueden ser fuertes y amistosas.

E **Solicitamos su opinión.**

1. ¿Recuerda Ud. su primer día de clases? ¿Cuántos años tenía? ¿Cómo se sentía? ¿Cómo se sentía su madre probablemente? ¿Y su padre? ¿Cómo fue su primer día en la universidad? ¿Cómo se diferenció de su primer día en el colegio?

2. ¿Cómo es la relación entre esta mamá y su niña? Dé ejemplos del texto para apoyar sus ideas.

3. ¿Es esta estampa triste o alegre? ¿Por qué?

4. ¿Por qué no besó la mamá a la niña? ¿Por qué se dieron la mano? ¿Puede Ud. identificarse con los personajes de este respecto? Explique.

5. ¿Por qué escogió la mamá un colegio lejano? ¿Por qué estaba segura la mamá de que a su hija le gustaría?

6. ¿Por qué no cogieron un taxi ese día?

7. ¿Es realista esta estampa? ¿Por qué sí o por qué no?

8. ¿Cómo cree Ud. que la instrucción cambia a una persona?

9. ¿Qué experiencias académicas han contribuido a su madurez *(maturity)?*

10. ¿Qué tiene que ver esta estampa con las relaciones humanas?

11. ¿Le importa a Ud. la relación entre Ud. y su madre? ¿Entre Ud. y su padre? ¿Entre Ud. y sus hermanos(as)? ¿Entre Ud. y sus amigos? ¿Qué relaciones humanas le importan más a Ud.? ¿Por qué?

F **Debate.** Formen grupos. Un grupo debe defender las ideas siguientes y el otro debe criticarlas.

1. Es difícil ser madre (padre).

2. No es fácil decirle "adiós" a un(a) niño(a) que va a la escuela por primera vez.

3. Es necesario enseñarles independencia a los hijos, pero esto es siempre muy difícil para los padres.

4. Esta estampa es solamente para mujeres. Los hombres no entienden los sentimientos que existen entre una madre y su niña. Las emociones son para mujeres, no para hombres.

5. Es necesario depender de uno(a) mismo(a) en vez de otras personas.

G **Temas escritos**

1. Hable Ud. con la persona (madre / padre / abuelo(a), etc.) que lo (la) llevó a clase el primer día. Escriba una composición que incluya sus sentimientos y sus reacciones hacia ese día y también una descripción de sus acciones.

2. Escriba Ud. la conversación entre la madre y su hija esa noche, después del primer día en el colegio. Incluya las actividades del día de ambas personas.

3. Escriba una composición bien pensada y organizada sobre las relaciones humanas y su importancia para Ud.

Respuestas a las pruebas

p. 97   1. F   2. V   3. F   4. F   5. V

p. 98   1. preparar a la niña (peinarla, vestirla, cortarle las uñas)
2. cansada y no bien preparada (los labios sin pintar)
3. energía (entusiasmo), por qué
4. la casa de las abuelas
5. hablan (charlan), fuma un cigarrillo

p. 99   1. b   2. c   3. a   4. a

p. 99   1. F   2. V   3. V   4. V

CAPÍTULO 9

La política: ¿Le interesa o no?

▼

La política influye en nuestra vida diaria.
Oímos las noticias en la radio, vemos televisión,
leemos libros y periódicos y todos estos medios de
difusión cubren lo que pasa en el mundo político.
Hay individuos más interesados en la política
que otros; algunas personas evitan la política lo
más posible, y otras participan
activamente en ella.

El cuento de este
capítulo, "Ganas de embromar", tiene
varios temas políticos y personales.

Describa los dibujos.

▼

¿Qué cree Ud. que está pasando?

▼

**¿Puede pensar en otras situaciones en que la política afecta
nuestras vidas diarias?**

▼

**¿Cree que el gobierno debe saber los detalles de nuestras vidas
privadas? ¿Por qué sí o por qué no?**

▲▲▲▲▲▲▲▲▲▲

▼
Palabras en contexto
▲

Sustantivos

▶ **el código:** algo secreto, como un nombre o un número, que sólo ciertas personas entienden
Los policías no entienden lo que dicen los estudiantes porque usan **un código** que no saben descifrar.

el chiste: algo divertido, que uno no dice en serio
Armando y su amigo dijeron **chistes** primero por teléfono y luego en el café.

▶ **la derecha (el [la] derechista):** en la política, las creencias radicalmente conservadoras
Según Armando, algunos de **la derecha (los derechistas)** son fanáticos en su conservatismo.

▶ **el espionaje (el [la] espía):** una actividad clandestina, secreta
El espionaje político puede ser peligroso, como Armando verá.

▶ **la izquierda (el [la] izquierdista):** en la política, las creencias radicalmente liberales
Los de **la izquierda (los izquierdistas)** están a favor de la revolución, si es necesario.

▶ **el ruido (ruidoso[a]):** algo que se oye, que a veces no se reconoce
¿Oíste ese **ruido** cuando hablábamos por teléfono? Puede ser una mala conexión, o es posible que alguien escuche nuestra conversación.

▶ **la trompada:** un golpe que causa dolor físico
El interrogador le dio al interrogado **una trompada** en la nariz que le causó mucha sangre.

Verbos

▶ **carraspear (la carraspera):** aclararse la voz
Cuando Armando hablaba con su novia, ella oyó que alguien **carraspeó** tres veces.

▶ **doler (ue) (el dolor, dolorido[a]):** producir un dolor continuo
Al prisionero le **duele** todo el cuerpo a causa de la tortura que sufrió.

▶ **pegar:** la acción de causar dolor físico, golpear
Muchos guardias de prisión les **pegan** a los prisioneros para que revelen sus secretos.

▶ **prender (prendido[a], el prendimiento):** detener, aprehender, arrestar
¿**Prendió** el gobierno a Armando por razones políticas?

▶ **tomar el pelo:** jugar con alguien de una manera no ofensiva
Armando y su amigo les **tomaron el pelo** a los policías con su código secreto; no fue nada más que un juego entre los dos.

Adjetivos

▸ **intervenido(a) (intervenir):** controlado, interceptado
Es común que los teléfonos de disidentes políticos estén **intervenidos.**

▸ **sucio(a) (ensuciarse, la suciedad):** lo contrario de *limpio;* en la política, corrupto, deshonesto
Tito cree que la política es una actividad **sucia** y por eso nunca **se ensucia** participando en asuntos políticos.

Frase preposicional

▸ **en broma (embromar, la broma):** algo que se dice o que se hace de una manera poca seria; un chiste
Tito criticó a todos los políticos, y no habló **en broma** sino muy en serio.

▼

Palabras emparentadas

▲

Complete las frases con las formas correctas de las palabras a continuación.

> **Modelo: izquierda, el (la) izquierdista**
> *¿Pertenece Armando a la **izquierda**; o sea, es **izquierdista**?*

1. **el ruido, ruidoso**
   La primera indicación de que alguien había intervenido el teléfono de Armando fue _____ que oyó cuando habló con su novia. Fue una carraspera bastante _____ .

2. **doler, el dolor, dolorido**
   A Armando le _____ todo el cuerpo después de la trompada; sufría _____ en el estómago y en la nariz. Pero aunque estaba muy _____ en el hospital, le gustaba toda la atención que recibía.

3. **sucio, ensuciarse**
   Armando sabía que la política a veces es una práctica _____ , pero le interesaba. Realmente no tenía intenciones de _____ en ella.

4. **prender, el prendimiento**
   _____ de Armando fue una sorpresa. No sabía por qué la policía le _____ .

5. **el espionaje, el (la) espía**
   Aunque Armando no era _____ , parece que el gobierno lo consideraba sospechoso de _____ .

6. **en broma, embromar, la broma**
   Armando y su amigo _____ a la policía. Aunque lo que hicieron no fue nada más que _____ , resultó de consecuencias serias para Armando. Hay que tener cuidado al hacer algo _____ .

▼

Cognados relacionados con el tema

▲

Adivine los significados de los cognados siguientes que vienen del cuento "Ganas de embromar". Luego conteste las preguntas.

motivos	semestre	torturas
artículos	interrogaron	resistencia
(la) imprudencia	preocupación	(una) nota de protesta

1. Which two words suggest what the main character's profession is?
2. What does the word **motivos** suggest to you?
3. How could the following words be tied together: **Investigaciones, interrogaron, torturas, resistencia?**
4. What does **una nota de protesta** suggest to you?

▼
En otras palabras
▲

▶ **Sentir** *(to feel, to perceive)* is used with nouns, whereas **sentirse** *(to feel)* is used with adjectives.

▶ **Despedir** means "to fire," and **despedirse** means "to say good-bye."

▶ **Aparecer** means "to appear" in a literal sense, whereas **parecer** means "to appear, to seem" in a figurative sense.

▶ **El oído** refers to the inner ear, and **la oreja** refers to the outer ear.

▶ **La broma** is a "practical joke (prank);" **el chiste** is a joke that is told or related. The verb **embromar** is from **broma,** and it means "to hoax, to trick."

▼
Para su información
▲

▶ The story you are about to read takes place in Montevideo, the capital of Uruguay. People and places associated with Uruguay are mentioned: **Peñarol** is the soccer team from Uruguay, and **la Plaza** refers to **la Plaza de Independencia,** the downtown square of Montevideo.

The Spanish in this part of South America uses an alternate form of **tú,** which is called the **voseo** form. You only need to be able to recognize it, not to form it. Here are some examples used in the story.

llevás llevas	**vos querrés** tú quieres
vos carraspeaste (tú) carraspeaste	**y vos, ¿qué decís?** y tú, ¿qué dices?
podés puedes	**seguís** sigues
sos (tú) eres	

▶ Remember the diminutive suffix **-ito;** it is used several times in the story. The ending **-ito (a / os / as)** attached to a noun means "little, cute" and can be a sign of affection. Here are some examples from the text. Guess the meanings.

un trozo *bit, piece*	un trocito _____
un ruido *noise*	un ruidito _____
un país *country*	un paisito _____
Armando Armando	Armandito _____

NUESTROS PAISES

9 **La política: ¿Le interesa o no?**

Primer paso:
Preparémonos para leer

▼
Skimming:
A superficial,
yet useful
practice
▲

Before thoroughly examining a reading selection, it is often helpful to skim it. Skimming can help you get a general idea of the topic, plot, tone, and characters of the piece.

Skimming should by no means be the only reading, but it can be of use as a first reading. While skimming, you can pick out verbs that reveal the type and time of the action, adjectives that describe people or situations, and nouns that depict characters, ideas, things, or places. This initial reading often provides a first impression of a piece, while identifying its form (poetry, fiction, nonfiction, etc.).

Reading speed can also be increased after skimming a piece because you already have some information about it before you begin reading in depth. Skimming can also help you avoid translating into English; the speed with which you skim does not allow time to do so.

▼
Apliquemos
la estrategia
▲

Skim the entire story "Ganas de embromar." Read as fast as you can, skipping over those words unfamiliar to you. Be prepared to write down your first impression after you finish. Keep these questions in mind as you skim:

1. What is the story about?

2. What kind of adjectives (verbs, nouns) are used?

3. Is this piece a serious one? Humorous? Dry?

4. Are there people discussed? Who are they?

5. Who is (are) the main character(s)?

6. What is the attitude of the author toward politics?

    Discuss the information you learned from a quick skimming with classmates.

▼
Anticipemos
un poco
▲

1. This story takes place in Uruguay in 1965. There are references made to the United States (**el lejano Norte),** the CIA, President Johnson, and espionage. The United States was undergoing many changes in the '60s, dealing with student rebellions, protests, Vietnam, CIA covert activities around the world, etc. How might the politics of a powerful country affect a small country such as Uruguay?

2. The main character's phone is tapped in "Ganas de embromar." What does this suggest to you? What does the title of the story suggest to you? Why would someone tap a phone?

3. The main character is a student, and he writes political articles. What might he write about?

Segundo paso:
Ahora, leamos

Mario Benedetti (1920 —   ) es poeta, narrador, crítico y ensayista. Es de Paso de los Toros, Uruguay. Tuvo que huir del Uruguay, tras el golpe militar de 1973. Ha vivido exiliado en Argentina, México, Cuba y España. Vive actualmente en su país natal. La opresión de un país por el militar y la oposición de sus ciudadanos se revela en el cuento "Ganas de embromar". Este cuento apareció en 1969 en la colección La muerte y otras sorpresas.

Ganas de embromar
Mario Benedetti
▲▲▲▲▲▲▲▲▲

a la chacota *como una broma*

fichas *telephone tokens*

sordo zumbido *a humming, buzzing*

honrado *honored*

perseguido *persecuted*

conciliar *to reconcile*

sobrecogedor *frightening*

estaño *tin*

cobre *copper*

a lo sumo *at most*

lanas *wools*

rubros *cosas*

concurrentes *competitive*

Qué ganas de embromar. *What a talent for fooling around!*

pulcro *exquisite, clean*

puteada *dirty-mouthed remark*

nada de descenso *none of that*

sostenía *mantenía*

Al principio no quiso creerlo. Después se convenció, pero no pudo evitar el tomarlo a la chacota.° El ruidito (a veces, como de fichas° que caían; otras, como un sordo zumbido°) era inconfundible para oídos expertos. Armando no sabía el motivo, pero la verdad era que su teléfono estaba intervenido. No se sentía honrado° ni perseguido;° simplemente, le parecía una idiotez. Nunca había podido conciliar° el sentido importante, misterioso, sobrecogedor,° de la palabra espionaje, con un paisito tan modesto como el suyo, sin petróleo, sin estaño,° sin cobre,° a lo sumo° con frutas que, por distintas razones, no interesaban al lejano Norte, o con lanas° y carnes que figuraban entre los rubros° considerados por los técnicos como productos concurrentes.°

¿Espionaje aquí, en este Uruguay 1965, clasemediano y burócrata? ¡Vamos! Sin embargo, le habían intervenido el teléfono. Qué ganas de embromar.° Después de todo, el contenido de sus llamadas telefónicas no era mucho más confidencial que el de sus artículos. Claro que, por teléfono, su estilo era menos pulcro,° incluso descendía a veces a una que otra puteada.° "Nada de descenso",° sostenía° el entusiasta Barreiro, "no te olvides de que hay puteadas sublimes."

Complete las frases con las palabras adecuadas según el contexto del cuento.

1. Armando sabe que su teléfono está intervenido porque oye _____ .

2. El espionaje en Uruguay le parece estúpido a Armando porque _____ .

3. Armando escribe _____ .

---

este sitio este lugar
gozoso divertido

taquígrafo *stenographer*

grabador *tape recorder*
recalentó *overheated*

tipo policía, agente
haga méritos reciba crédito
sublevación rebelión, revolución
***che** *hey, you* (expresión entre amigos)

Y así por el estilo. Y continúa.
de lo lindo mucho
tramar el libreto planear
a ellos los amigos políticos
nada comprometadora *not at all compromising*
hizo su aparición apareció
suele está acostumbrada
al margen sin atención
menos corte menos atención
atiende presta más atención
total *anyhow*

*Used only in the Río de la Plata Region (Uruguay and Argentina). Although other countries understand the word, they don't use it.

Como la institución del espionaje, al menos en este sitio,° le parecía ridícula, Armando se dedicó a un gozoso° ejercicio de la imprudencia. Cuando lo llamaba Barreiro, que era el único que estaba en el secreto, decían deliberadamente chistes agresivos contra los Estados Unidos, o contra Johnson, o contra la CIA.

— Espérate — decía Barreiro —. No hables tan rápido, que el taquígrafo° no va a poder seguirte. ¿Qué querés? ¿Que lo despidan al pobre diablo?

— ¿Cómo? — preguntaba Armando —, ¿es un taquígrafo o es un grabador°?

— Normalmente es un grabador, pero parece que se les recalentó,° se les descompuso y ahora lo han sustituido por un taquígrafo. O sea un aparato que tiene la ventaja de que no se recalienta.

— Podríamos decirle al tipo° algo grave y confidencial, para que haga méritos,° ¿no te parece?

— ¿Lo de la sublevación,° por ejemplo?

— No, che,° sería prematuro.

Y así por el estilo.° Después, cuando se encontraban en el café, se divertían de lo lindo,° y se ponían a tramar el libreto° para el día siguiente.

— ¿Y si empezáramos a decir nombres?

— ¿Falsos?

— Claro. O mejor, nombrándolos a ellos.° Por ejemplo, que Pedro sea Rodríguez Larreta; que Aníbal sea Aguerrondo; que Andrés sea Tejera; que Juan Carlos sea Beltrán.

Sin embargo, a los pocos días de inaugurar el nuevo código, y en medio de una llamada nada comprometadora,° un nuevo elemento hizo su aparición.° Había telefoneado Maruja y estaba hablando de esos temas que suele° tocar una novia que se siente olvidada y al margen.° "Cada vez me das menos corte",° "Cuánto hace que no me llevás al cine", "Seguro que tu hermano atiende° mejor a Celia" y cosas de ese tipo. Por un instante, él se olvidó del espionaje telefónico.

— Hoy tampoco puedo. Tengo una reunión, ¿sabes?

— ¿Política? — preguntó ella.

Entonces, en el teléfono sonó una carraspera, y en seguida otras dos. La primera y la tercera, largas; la del medio, más corta.

— ¿Vos carraspeaste? — preguntó Maruja.

Armando hizo rápidos cálculos mentales.

— Sí — contestó.

Aquella triple carraspera era en realidad la primera cosa emocionante que le ocurría desde que su teléfono estaba intervenido.

— Bueno — insistió ella —, total,°

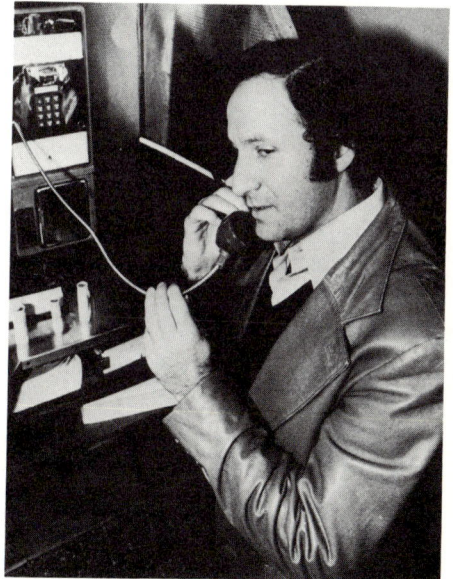

Segundo paso: Ahora, leamos

109
▲

despedida de soltero
bachelor party

porquerías *dirty jokes, stories*

rezongó *grumbled, moaned*

cortó *colgó el teléfono*

no me contestaste: ¿es o no una reunión política?

— No. Es una despedida de soltero.°

— Ya me imagino las porquerías° que dirán — rezongó° ella, y cortó.°

Complete las frases con las palabras adecuadas según el contexto del cuento.

1. Barreiro es _____ de Armando.

2. Barreiro y Armando deciden usar _____ para tomarles el pelo a los oficiales.

3. Maruja es _____ de Armando.

4. Armando se emociona al hablar con Maruja cuando oye _____ .

---

de otra pasta *una persona diferente*

la corrección de sus modales *su cortesía*

pulcritud *neatness, tidiness*

comprobar *ver*

corbata *necktie*

rezaba su estribillo *he'd recite his motto*

inconveniente *objection, trouble*

flamante *magnífico*

ingresos *salario*

aireado *publicized*

sagrados *holy, sacred*

misas dominicales *Sunday masses*

ambos *los dos*

había rematado su intervención *había terminado*

áspero *rough, harsh*

despreciaba *despised, scorned*

quizá *tal vez*

aviso *warning*

de confiar *trustworthy*

Maruja tenía razón. Celia era bien atendida por su hermano. Pero Tito era de otra pasta.° Armando siempre lo había admirado. Por su orden, por su equilibrio, por su método de trabajo, por la corrección de sus modales.° Celia, en cambio, se burlaba a menudo de semejante pulcritud,° y a veces, en broma, reclamaba alguna foto de cuando Tito era un bebé. "Quiero comprobar° — decía — si a los seis meses ya usaba corbata."°

A Tito no le interesaba la política. "Todo es demasiado sucio", rezaba su estribillo.° Armando no tenía inconveniente° en reconocer que todo era demasiado sucio, pero aun así le interesaba la política. Con su flamante° título, con sus buenos ingresos,° con su estudio bien aireado° y mejor iluminado, con sus fines de semana sagrados,° con sus misas dominicales,° con su devoción por la madre, Tito era el gran ejemplo de la familia; el monumento que todo el clan mostraba a Armando desde que ambos° iban juntos al colegio.

Armando hacía chistes con Barreiro sobre el teléfono intervenido, pero nunca tocaba el tema con su hermano. Hacía tiempo que habían sostenido el último y definitivo diálogo sobre un tópico político, y Tito había rematado su intervención° con un comentario áspero°: "No sé cómo podés ensuciarte con esa gente. Convéncete de que son tipos sin escrúpulos. Todos. Tanto los de derecha, como los de izquierda, como los del centro". Eso sí, Tito los despreciaba° a todos por igual. También ahí lo admiraba Armando, porque él no se sentía capaz de semejante independencia. Hay que ser muy fuerte para no indignarse, pensaba, y quizá° era por eso que Tito no se indignaba.

La triple carraspera (larga, corta, larga) volvió a aparecer en tres o cuatro ocasiones. ¿Un aviso,° quizá? Por las dudas, Armando decidió no hablar con nadie de ese asunto. No sólo con Tito o con su padre (después de todo, el viejo era de confiar°), sino tampoco con Barreiro, que era sin duda su mejor amigo.

— Mejor vamos a suspender lo de las bromas telefónicas.

— ¿Y eso?

— Simplemente, me aburrí.

Barreiro las seguía encontrando muy divertidas, pero no insistió.

9   La política: ¿Le interesa o no?

Decida si las frases son verdaderas o falsas.

1. Celia y Tito son novios.
2. La familia favorece a Armando.
3. Tanto Tito como Armando se interesa por la política.
4. Armando tiene celos de Tito.
5. Tito cree que la política es un negocio sucio.
6. Armando no le menciona la carraspera a nadie.
7. Armando se aburrió del juego telefónico entre Barreiro y él.

sindical *union*
jornadas *días*
cédula de identidad *documento de identidad*
tiras *policías*
vigencia *validity*
fastidio *nuisance, bother*
se maldijo *he swore at himself*
descuido *carelessness*
campechano *good-natured, straight-forward*
patibularia *sinister*
soeces *vulgar, vile*
inconveniencias *crude, insolent remarks*
miradas *looks, gazes*
acreedores *believers*
traviesos *malos*
fue al grano *fue muy directo*
te conviene *it is advisable to you*
clavarían *would hammer, drive in*
alfileres *pins*
quemarían *would burn*
encendidos *lit*
picana eléctrica *electric prod*
aplomo *sense, level-headedness*
a lo mejor *tal vez, quizá*

La noche en que prendieron a Armando, no había habido ningún desorden, ni estudiantil ni sindical.° Ni siquiera había ganado Peñarol. La ciudad estaba en calma, y era una de esas raras jornadas° sin calor, sin frío, sin viento, que sólo se dan excepcionalmente en algún abril montevideano. Armando venía por Ciudadela, ya pasada la medianoche, y al llegar a la Plaza, dos tipos de Investigaciones se le acercaron y le pidieron documentos. Armando llevaba consigo la cédula de identidad.° Uno de los tiras° observó que no tenía vigencia.° Era cierto. Hacía por lo menos un semestre que debía haberla renovado. Cuando se lo llevaban, Armando pensó que aquello era un fastidio,° se maldijo° varias veces por su descuido,° y nada más. Ya se arreglará todo, se anunció a sí mismo, a medio camino entre el optimismo y la resignación.

Pero no se arregló. Esa misma noche lo interrogaron dos tipos, cada cual en su especialidad: uno, con estilo amable, cordial, campechano°; el otro, con expresión patibularia° y modales soeces.°

— ¿Por qué dice tantas inconveniencias° por teléfono? — preguntó el amable, dedicándole ese tipo de miradas° a la que se hacen acreedores° los niños traviesos.°

El otro, en cambio, fue al grano.°
— ¿Quién es Beltrán?
— El Presidente del Consejo.
— Te conviene° no hacerte el estúpido. Quiero saber quién es ese al que vos y el otro llaman Beltrán.

Armando no dijo nada. Ahora le clavarían° alfileres° bajo las uñas, o le quemarían° la espalda con cigarrillos encendidos,° o le aplicarían la picana eléctrica° en los testículos. Esta vez iba en serio. En medio de su preocupación, Armando tuvo suficiente aplomo° para decirse que, a lo mejor,° el paisito se había

convertido en una nación importante, con torturas y todo. Por supuesto tenía sus dudas acerca de su propia resistencia.

— Era sólo una broma.

— ¿Ah, sí? — dijo el grosero° —. Mirá, ésta va en serio.

el grosero *the vulgar, ill-mannered one*

Escoja la respuesta más apropiada.

1. Cuando prendieron a Armando,
    a. había gran desorden en la ciudad.
    b. todo estaba tranquilo.
    c. Peñarol había ganado.

2. Armando tenía un documento de identidad pero
    a. no era lo que los tipos de Investigaciones querían.
    b. le fastidiaba mostrárselo a los policías.
    c. necesitaba renovarlo.

3. Los interrogadores
    a. no le creían a Armando.
    b. ya sabían quién era Beltrán.
    c. creían que Armando era estúpido.

---

en plena nariz *right in the nose*

se le reventaba *burst open in him*

llenaron de lágrimas *filled with tears*

alcanzó a balbucear *pudo murmurar*

puño *fist*

labio inferior *lower lip*

hinchó *swelled*

rodillazo *knee kick*

riñones *kidneys*

juntó *reunió*

mierda *shit*

como si fuera un escupitajo *as if it were spitting*

distraer *to distract, take one's mind off*

muy nene *muy joven*

sonaba a cosa definitiva *parecía final*

se quedó *he remained*

se desmayó *he fainted*

La trompada le dio en plena nariz.° Sintió que algo se le reventaba° y no pudo evitar que los ojos se le llenaron de lágrimas.° Cuando la segunda trompada le dio en la oreja, la cabeza se le fue hacia la derecha.

— No es nadie — alcanzó a balbucear° —. Pusimos nombres porque sí, para tomarles el pelo a ustedes.

La sangre le corría por la camisa. Se pasó el puño° cerrado por la nariz y ésta la dolió terriblemente.

— ¿Así que nos tomaban el pelo?

Esta vez el tipo le pegó con la mano abierta pero con más fuerza que antes. El labio inferior° se le hinchó° de inmediato.

— Qué bonito.

Después vino el rodillazo° en los riñones.°

— ¿Sabes lo que es una picana?

Cada vez que oía al otro mencionar la palabra, sentía una contracción en los testículos. "Tengo que provocarlo para que me siga pegando — pensó —, así a lo mejor se olvida de lo otro". No podía articular muchas palabras seguidas, así que juntó° fuerzas y dijo: "Mierda".°

El otro recibió el insulto como si fuera un escupitajo° en pleno rostro, pero en seguida sonrió.

— No creas que me vas a distraer.° Todavía sos muy nene.° Igual me acuerdo de lo que vos querés que olvide.

— Déjalo — dijo entonces el amable —. Déjalo, debe ser cierto lo que dice.

La voz del hombre sonaba a cosa definitiva,° a decisión tomada. Armando pudo respirar. Pero inmediatamente se quedó° sin fuerzas, y se desmayó.°

Decida si las frases son verdaderas o falsas.

1. El interrogador amable le dio a Armando una trompada.
2. Armando trató de explicar que Barreiro y él hacían el espionaje.
3. Armando dijo "Mierda" porque quería provocar a los interrogadores.
4. El interrogador más amable sugirió que el otro dejara de pegarle a Armando.
5. Armando se desmayó porque creía que iba a morir.

atropello abuso, trompada

lo mimaba *she spoiled him*

lo besaba *she kissed him*

lo abrumaba *she overwhelmed him*

en el fondo *down deep*

cautela cuidado

caricia *caress*

cálida caliente

golpes *hits, blows*

que hubiera pasado *what would have happened*

diario periódico

había apoyado *had rested*

enguantada *gloved*

vendajes *bandages*

callado silencioso

de costumbre normalmente

reparó en notó a

ecuánime tranquilo

En cierto modo, Maruja fue la beneficiaria indirecta del atropello.° Ahora estaba todo el día junto a Armando. Lo curaba, lo mimaba,° lo besaba,° lo abrumaba° con proyectos. Armando se quejaba más de lo necesario, porque, en el fondo,° no le desagradaba ese contacto joven. Hasta pensó en casarse pronto, pero tomó con mucha cautela° su propia ocurrencia. "Con tanta trompada, debo haber quedado mal de la cabeza".

La caricia° de aquella mano cálida° de pronto se detuvo. Armando abrió los ojos y allí estaban todos: el padre, la madre, Barreiro, Tito, Celia.

— ¿Cómo hiciste para no hablar? — preguntaba Barreiro, y él volvía a dar la explicación de siempre: que sólo le habían dado unos cuantos golpes,° eso sí, bastante fuertes. Lo peor había sido el rodillazo.

— Yo no sé que hubiera pasado° si me aplican la picana.

La madre lloraba; hacía como tres días que sólo lloraba.

— En el diario° — dijo el padre — me dijeron que la Asociación publicará una nota de protesta.

— Mucha nota, mucha protesta, — se indignó Barreiro —, pero a éste nadie le quita las trompadas.

Celia le había apoyado° una mano enguantada° sobre el antebrazo, y Maruja le besaba el trocito de frente que quedaba libre entre los vendajes.° Armando se sentía dolorido, pero casi en la gloria.

Detrás de Barreiro, estaba Tito, más callado° que de costumbre.° De pronto, Maruja reparó en° él.

— ¿Y vos qué decís, ahora? ¿Seguís tan ecuánime° como de costumbre?

Tito sonrió antes de responder calmosamente.

— Siempre le dije a Armandito que la política era una cosa sucia.

Luego carraspeó. Tres veces seguidas. Una larga, una corta, una larga.

Reprinted with permission.

Escoja la respuesta más apropiada.

1. Maruja estaba algo contenta de que Armando estuviera en el hospital porque
   a. iba a casarse con él.
   b. podía verlo más que lo normal.
   c. sabía cuidar de él mejor que los médicos.

2. Armando
   a. se quejaba de sus dolores más de lo necesario.
   b. quería hablar de la política.
   c. no quería que nadie lo visitara.

3. Barreiro admiraba a Armando porque
   a. era un héroe político.
   b. fue víctima de la tortura.
   c. Armando no habló en la investigación.

4. Tito estaba muy callado porque
   a. tenía algo que ver con lo que le pasó a Armando.
   b. lloraba por su hermano.
   c. estaba enfermo y le dolía la garganta.

► **3** ◄

**Tercer paso:
Volvamos a leer**

Vuelva Ud. al cuento y léalo por lo menos una vez más. Corrija las respuestas de las pruebas. Si hay errores, lea el trozo que malentendió hasta entenderlo.

▼
**¿Comprendió
Ud. la lectura?**
▲

A **¿Cuánto recuerda Ud.?** Explique el significado de las frases a continuación según el contexto de "Ganas de embromar".

1. La intervención de su teléfono le parecía estúpida a Armando.
2. Armando y Barreiro se divertían haciendo "espionaje".
3. A Maruja no le gustaba que Armando se interesara por la política.
4. Tito era el hijo modelo de la familia.
5. Armando no le mencionó la carraspera a nadie, ni siquiera a Barreiro, su mejor amigo.
6. Armando era estudiante, probablemente un activista.
7. Los interrogadores no le creyeron a Armando cuando les explicó a ellos el código.
8. Armando fue víctima de su propia broma.
9. Por un rato, Armando se olvidó de la política y empezó a pensar más en Maruja.
10. Barreiro admiraba mucho a Armando.
11. Tito no dijo mucho en el hospital, pero hizo un ruido.

B **Prueba de vocabulario.** Con los siguientes grupos de palabras, haga preguntas que tengan que ver con "Ganas de embromar". Luego, hágale las preguntas a un(a) compañero(a) de clase.

> **Modelo:** izquierda / derecha
> *¿Era Armando de la **izquierda** o de la **derecha**?*

1. carraspear / intervenido
2. espionaje / ensuciarse
3. trompada / prender
4. aparecer / ruido

5. sentir / dolor
6. código / broma
7. tomar el pelo / chiste
8. pegar / doler

Ahora, organice las respuestas en un párrafo según lo que pasa en el cuento.

Reaccionemos
▲▲▲▲▲▲▲▲▲▲

C **Analicemos el cuento.** Formen Uds. grupos pequeños y contesten estas preguntas. Después, compartan Uds. sus respuestas con las del resto de la clase.

1. ¿Cuáles son los temas del cuento?
2. ¿Hay ironía en el cuento? Si la hay, den ejemplos.
3. Según el contexto del cuento, ¿cómo era la política en Uruguay en 1965?
4. ¿Por qué querían embromar a la policía Armando y Barreiro?
5. ¿Qué representa Tito? ¿Por qué se puede decir que es hipócrita?
6. ¿Por qué incluyó Benedetti a las novias en el cuento?
7. Comenten Uds. sobre la cédula de identidad que tiene Armando. ¿Qué es? Por qué la tiene? ¿Tienen Uds. una cédula de identidad? ¿Para qué se usa?
8. Hay violencia en el cuento. Den ejemplos del texto. ¿Fue necesario incluirla?
9. ¿Por qué se sentía Armando "casi en la gloria" después del atropello?
10. ¿Qué efecto tendría una nota de protesta en el diario?
11. ¿Se sorprendieron Uds. al final del cuento? ¿Por que sí o por qué no?
12. ¿Hay moraleja(s) en el cuento? ¿Cuál(es) es (son)?
13. Discutan la importancia de la lealtad *(loyalty)* en el cuento. Por ejemplo, ¿quién es más leal a Armando: Tito, su hermano, o Barreiro, su amigo? ¿Es Armando más leal a la política o a su novia?

D **Solicitamos su opinión.**

1. Tito dijo que todos los políticos son corruptos y que ninguno tiene escrúpulos. ¿Tiene razón, según el cuento? ¿Hay diferencias entre los políticos presentados en el cuento y los de los EE.UU.? Explique.

2. ¿Tiene una organización (policiaca, militar, política) el derecho a intervenir un teléfono? ¿A examinar la correspondencia de alguien? ¿A perseguir a alguien? ¿Cuándo tiene y cuándo no tiene este derecho?

3. ¿Tiene un gobierno el derecho a torturar a sus ciudadanos para mantener "paz" en su país? Explique. ¿Hay tortura en los Estados Unidos? ¿Apoya el gobierno estadounidense a otros gobiernos que participan en la tortura? Explique.

4. ¿Qué función tiene la censura en una sociedad? ¿Cuándo es bueno y cuándo es malo practicar la censura?

5. ¿Es el cuento "Ganas de embromar" una crítica de algo? Explique.

6. ¿Qué función debe tener los medios de difusión en cuanto a informarle al público lo que hace un gobierno? ¿Hay cosas que no se deban anunciar?

7. ¿Cree Ud. que los autores deben expresar puntos de vista políticos en sus obras? Dé otros ejemplos de literatura política.

E **Debate.** Formen grupos. Un grupo debe defender las ideas siguientes y el otro debe criticarlas.

1. Se dice que los estudiantes norteamericanos son mucho menos interesados en la política que los estudiantes de países del Tercer Mundo.

2. La política y los estudios no se mezclan (*mix*).

F **Temas escritos**

1. ¿Cómo puede controlar un gobierno a sus ciudadanos sin la censura, sin la tortura, sin la intervención de los teléfonos, sin el examen de la correspondencia personal o sin la manipulación de los medios de difusión?

2. Escriba una composición de análisis sobre el cuento. Incluya las razones por las que (no) le gustó. Emplee citas del texto para defender sus ideas.

Respuestas a las pruebas

p. 108	1. un ruido 2. es un país modesto 3. artículos
p. 110	1. el amigo 2. un código 3. la novia 4. una carraspera
p. 111	1. V 2. F 3. F 4. F 5. V 6. V 7. F
p. 112	1. b 2. c 3. a
p. 113	1. F 2. F 3. V 4. V 5. F
p. 113	1. b 2. a 3. c 4. a

CAPÍTULO 10

¡Diviértase un poco!

▼

En el mundo de los entretenimientos, la televisión sigue siendo uno de los favoritos. La televisión, como los periódicos y las revistas, frecuentemente es el reflejo de una cultura. Programas "importados" o "exportados" pueden contribuir a las imágenes que una cultura tiene de otra, sean verdaderas o no. El artículo de este capítulo tiene que ver con el entusiasmo que España siente por un programa popular de los Estados Unidos.

¿Qué hacen las personas en el dibujo? ¿Qué tienen en común?

▼

¿Cómo le gusta a Ud. pasar sus momentos libres?

▼

¿Le gusta ver televisión?

▼

¿Ve Ud. televisión para informarse? ¿Para reír? ¿Para llorar?

▲▲▲▲▲▲▲▲▲▲

▼
**Palabras
en contexto**
▲

Sustantivos

▶ **la cotidianeidad (cotidiano [a]):** la exploración de la vida diaria, regular
La cotidianeidad de las familias de la clase media es un tema popular en
programas de televisión; "Alf" no es una excepción.

▶ **la pantalla:** la parte del televisor donde se ven la representación o las
imágenes de un programa
Ahora los españoles también se sientan los domingos para ver las aventuras de
Alf en **la pantalla.**

▶ **los modales** *(m.pl.)* comportamiento social correcto y apropiado
Tal parece que Alf necesita unas lecciones de **modales;** ¡no los tiene!

▶ **el carácter:** la manera de ser de alguien, cómo es como persona, la
personalidad de alguien
El carácter de Alf inspira risa, porque no le importa la falta de modales.

▶ **el (la) guionista (el guión)** la persona que escribe programas de televisión o
películas
▶ **El guionista** que creó a Alf ha tenido éxito en otras películas que usan
muñecos, como *The Muppets Take Manhattan.*

▶ **el (la) realizador(a) (realizado[a], realizar):** la persona que dirige a los
artistas en un programa o en una película
El realizador tiene la última palabra respecto a cómo va a salir un programa.
Para "Alf", la primera idea **realizada** fue la de usar una persona pequeña para
hacer el papel del extraterrestre.

▶ **el acierto (acertado[a]):** éxito, popularidad
El acierto de "Alf" tiene mucho que ver con el carácter divertido y
conmovedor del protagonista.

▶ **la educación (educado[a], educarse):** buenos modales
Alf demuestra su falta de **educación** particularmente cuando la familia come;
Alf demuestra su glotonería.

▶ **la afición (el [la] aficionado[a], aficionado[a] a):** un gran interés
Alf, como muchos humanos, tiene **una afición** a los deportes, en particular al
bouillabaseball.

▶ **el (la) soltero(a):** una persona no casada, que no tiene esposo
Aunque es **soltero,** Alf sabe mucho del amor.

Verbos

▶ **conmover (ue) (conmovedor[a]):** inspirar sentimientos de amor, compasión
A pesar de la falta de modales, Alf **conmueve** al público con su buen corazón.

▶ **soler (ue) + *inf.*** : usualmente + *verbo*
Programas como "Alf" **suelen provocar** risa, pero al mismo tiempo también **suelen inspirar** el pensamiento.

Adjetivos
▶ **divertido(a) (la diversión, divertirse [ie]):** cómico, chistoso
Un extraterrestre que vive con una familia de clase media es una idea muy **divertida.**

▶ **propicio(a):** favorable
El contexto en que se ha introducido a Alf es **propicio** para desarrollar lo cómico de la vida cotidiana de la clase media.

▶ **fisgón(ona) (fisgar, fisgador[a]):** muy curioso, que quiere saber todo lo que pasa en la vida de otros
Los vecinos y autoridades **fisgones** creen que algo extraño pasa en casa de los Tanner.

▼

Palabras emparentadas

▲

Usando formas relacionadas de las palabras en letra bastardilla, escriba las frases de nuevo para expresar ideas similares a las frases originales.

Modelo: Alf explora la *cotidianeidad* de los Tanner.
*Alf explora la vida **cotidiana** de los Tanner.*

1. Los primeros veintiséis episodios de "Alf" fueron *realizados* con un enano (*dwarf*).
2. Alf necesita *educarse;* no tiene buenos modales.
3. Los vecinos *fisgones* causan problemas a los Tanner.
4. Hay varios momentos *conmovedores* en los episodios de "Alf".
5. Alf tiene una gran *afición* deportiva.
6. Ver las acciones de un extraterrestre mal educado es una *diversión* para muchos telespectadores.
7. "Alf" es un programa *acertado* a causa del humor del protagonista.

▼

Cognados relacionados con el tema

▲

Adivine los significados de los cognados siguientes que vienen del artículo "Alf, historia de un muñeco que seduce a niños y adultos." Luego conteste las preguntas.

inhumano protagonista
humor
ironía
extraterrestre
galaxia

problemas tecnológicos importantes
contradicciones (de la) clase media norteamericana

forma alienígena
planeta
miembro . . . de la familia

1. Which words suggest that the main character is unusal?
2. Which words suggest the history of the main character?

Juguemos con las palabras

▲

3. Which words suggest that the making of the program is discussed?

4. Which words suggest interaction with humans?

There are several false cognates in the article.

▶ **El carácter** refers to a person's character or disposition. **El personaje** is a fictional character.

▶ **La educación** refers to "upbringing, manners." Although it is often used for "education" in general, **la instrucción** is also used to mean "education."

▶ **La historia,** besides meaning "history," also means "story."

▶ **Pretender** means "to try to, to intend, to strive for." **Fingir** is used to mean "to pretend" as in an imaginary game.

▶ **La sensibilidad** means "sensitivity."

▼

En otras palabras

▲

▶ Spanish has coined many words beginning with **tele** (short for **televisión**). Can you guess the meanings of the following words?

If **espectador** means "spectator," what is a **telespectador?**

If **muñeco** means "puppet," what is a **teleñeco?**

If **vidente** means "viewer," what is a **televidente?**

If **diario** means "newspaper," what is a **telediario?**

If **novela** means "novel," what is a **telenovela?**

▶ Do not confuse **modales,** "manners," with **las maneras,** "ways, means."

▶ **Realizar** means "to realize" in the sense of "to achieve, to accomplish." **Darse cuenta de** is used when referring to understanding or comprehending, as suggested by the English verb "to realize."

▼

Para su información

▲

▶ **Ello** is used in the article you are about to read. It is a neuter pronoun that refers back to an idea. It usually has the English equivalent of "that" (idea).

▶ **El (la) aficionado(a)** is followed by **a** when saying someone is a fan of something. **El (la) entusiasta (de)** can also be used.

Primer paso:
Preparémonos para leer

▼
Scanning: Looking for specific information
▲

Scanning differs from skimming in that skimming a piece rapidly is done to determine the gist of the reading, whereas scanning a piece is done to look for specific information. Scanning involves looking for details of interest and / or specific words that contribute to comprehension of a reading. It focuses on relevant information and discards extraneous facts that become more important after a second or third reading.

▼
Apliquemos la estrategia
▲

Below is a paragraph from the article you are about to read. Before scanning the paragraph, look at the questions. You will then have an idea of what information you will be looking for. Read the paragraph quickly and see how many of the questions you can answer with one reading. Continue reading the paragraph until you have answered all the questions.

1. ¿Cuál es el antecedente de los teleñecos?
2. ¿Por qué cuesta mucho dinero una producción especializada?
3. ¿Qué son los *manipuladores?*
4. ¿Quiénes son Epi y Blas?
5. ¿Cuál es la fama de Jim Henson y Frank Oz?

carne y hueso *flesh and blood*

caro que cuesta mucho

El antecedente de estas series o películas que introducen muñecos capaces de conmover tanto como si fueran de carne y hueso° está en el teatro, concretamente en las marionetas. Hoy ya se habla de un tipo de cine o producción especializada. Resulta caro° porque plantea problemas tecnológicos importantes. Por lo general suelen ser personas especialistas, *manipuladores,* quienes les dan vida. En el caso de los divertidos Epi y Blas, de la serie de los teleñecos, que conocieron un éxito mundial, Jim Henson y Frank Oz se revelaron como los mejores manipuladores de muñecos.

▼
Anticipemos un poco
▲

1. The article you are about to read is about a television show from the United States that has become popular in Spain. The show is "Alf." Why do you think it would be popular in Spain?
2. The core family of "Alf" is a middle class family. Why might that be of interest to Spaniards?
3. The television show appeals to young and old viewers. What could that have to do with its popularity? What other characteristics might also add to its popularity?

Segundo paso:
Ahora, leamos

El artículo que Ud. va a leer fue publicado en la revista española, Cambio 16. La revista se parece a Time de los Estados Unidos. Tiene varias secciones: noticias mundiales y locales, política, espectáculos y artículos de interés humano. Ud. verá que es posible que una cultura, en este caso la norte-americana, comparta algo que le gusta con otra cultura, la española. Es un ejemplo de cómo los medios de difusión y los espectáculos acortan la distancia entre un mundo y otro.

Alf, historia de un muñeco
que seduce a niños y adultos
Liz Perales
▲▲▲▲▲▲▲▲▲

El inhumano protagonista de una serie de televisión en clave de humor ha conseguido congregar sin distinción a todo tipo de telespectadores. Una producción que desvela,° con ironía y astucia, la cotidianeidad norteamericana.

desvela *mantiene viva*
jabalí *wild boar*
oso hormiguero *anteater*
aterrizó *landed*
tejado *roof*
deslenguado *cheeky, rude, insolent*
caprichoso *whimsical*
TVE *la compañía nacional de televisión española*
corazón *heart*
alma *soul*
enano *un adulto muy pequeño*
revestido con *cubierto de*
disfraz *costume, mask*

Mitad jabalí,° mitad oso hormiguero,° la fisonomía del extraterrestre que un buen día aterrizó° en el tejado° del garaje de los Tanner, una clásica familia de clase media norteamericana que vive en Hollywood, ya se ha hecho popular entre los telespectadores españoles que pasan los domingos por la tarde frente a la pequeña pantalla.

Pero no sólo en su físico reside su atracción. Es su irónico humor, su astucia irónica, su deslenguado° discurso, sus malos y temperamentales modales y su caprichoso° carácter lo que seduce y demuestra que su guionista ha trabajado profundamente la psicología de su personaje.

El creador de Alf es un guionista veterano en este tipo de producciones, padre también de dos famosas películas protagonizadas por los legendarios teleñecos: *The Great Muppet Caper* y *The Muppets Take Manhattan*. Se trata de Tom Patchett, que ideó también el guión de una de las series de más éxito en los Estados Unidos: *Mary Tyler Moore Show.* Fue la Lorimar Telepictures, una productora norteamericana, quien se hizo cargo de dar vida al extraterrestre.

En los primeros 26 episodios adquiridos por TVE° el corazón° y el alma° de Alf es Michu Mezaros, un enano° que fue la primera solución que encontraron los realizadores para darle vida. Más tarde, sus creadores quisieron un muñeco autónomo y, para ello, nada mejor que un robot revestido con° su disfraz°.

"¿Ser o no ser?" Alf parece ser un filósofo en esta foto.

Complete las frases con las palabras adecuadas según el contexto del cuento.

1. Alf es un _____ ; mitad jabalí, mitad oso hormiguero.
2. Ahora Alf se ve en las _____ españolas; o sea, ¡Alf ahora es bilingüe!
3. El _____ humorístico y astuto de Alf es muy atractivo al público.
4. El creador de "Alf" es un _____ que ha tenido éxito en otras producciones que utilizan muñecos.
5. Al principio de la producción de "Alf", los _____ emplearon a un enano para hacer el papel del extraterrestre.
6. Más tarde, se decidió usar un _____ disfrazado para hacer el papel de Alf.

---

carne y hueso *flesh and blood*

caro que cuesta mucho

El antecedente de estas series o películas que introducen muñecos capaces de conmover tanto como si fueran de carne y hueso° está en el teatro, concretamente en las marionetas. Hoy ya se habla de un tipo de cine o producción especializada. Resulta caro° porque plantea problemas tecnológicos importantes. Por lo general suelen ser personas especialistas, *manipuladores,*

Segundo paso: Ahora, leamos

quienes les dan vida. En el caso de los divertidos Epi y Blas, de la serie de los teleñecos, que conocieron un éxito mundial, Jim Henson y Frank Oz se revelaron como los mejores manipuladores de muñecos.

Más tarde, películas como la taquillera° *E.T.,* de Steven Spielberg, que accionaba a su monstruo por computadora, o *Cristal Oscuro,* pusieron de relieve que además del amplio campo° que abría este tipo de cine a la investigación técnica, el público era cada vez más extenso. Los ácidos *Spitting Image,* de producción británica, demostraron que este tipo de producciones no eran exclusivas del público infantil.

En España ha habido algunos intentos de trabajar con muñecos de este tipo. En cine, *Feroz,* de Gutiérrez Aragón, incorporaba un oso de tamaño° humano como protagonista. En televisión se puede hablar de dos escuelas de manipuladores, abanderadas° por Madrid y Barcelona. "Por lo general, somos gente que procedemos del° teatro", dice Java Rodriguez González, miembro del grupo que conduce los muñecos de *Los Mundos de Yuppi,* producción infantil de TVE, "pero se dan pocas producciones de este tipo, a pesar de que° cada día interesan a un sector más amplio de público".

taquillera *box-office hit*

campo *field, area*

tamaño dimensiones físicas
abanderadas *championed*
procedemos del venimos del, empezamos en el
a pesar de que *despite*

Decida si las frases son verdaderas o falsas.

1. Las marionetas fueron los prototipos para creaciones como Alf.
2. Hay pocos problemas tecnológicos en el uso de marionetas o de teleñecos.
3. E.T. fue un monstruo accionado por computadora.
4. Los *Spitting Image* son teleñecos para niños.
5. No hay teleñecos españoles.
6. No hay muchas producciones españolas de teleñecos por falta de interés del público.

Precisamente, muchos sitúan el acierto de "Alf" en que sus realizadores no pensaron únicamente en un público infantil. Al contrario, los padres de la criatura, tras° plantearse el problema fundamental de Alf — cómo hacer que hablara, se moviera y actuara frente a las cámaras de televisión — lo introdujeron en un contexto propicio que desvela con humor algunas de las contradicciones de la clase media norteamericana.

Alf no sabe lo que es la educación, — suele eructar° en las comidas — y ello preocupa a Kate, la madre de los Tanner — Anne Schedeen — que duda de la utilidad del simpático personaje como ejemplo para sus hijos. Sin embargo, este ser extraño está bendecido° por un gran corazón, que curiosamente se alberga° en su oreja.°

Nacido en el planeta Melmac, de momento galaxia indescifrada° por los astrónomos, cuenta con nombre y apellidos: *Alien Life Form* (forma alienígena de vida). Y, además, cuenta con un *curriculum* nada desdeñable.° Graduado en

tras después de

eructar *burp, belch*
bendecido *blessed*
se alberga está
oreja *(outer) ear*
indescifrada no identificada
desdeñable insignificante

informática° por la escuela superior de su país en Melmac, sabe hablar inglés y ahora español.

Además comparte con los Tanner una afición, la deportiva.° Él formaba parte en su planeta del equipo de *bouillabaseball,* un deporte muy extendido en su país. Ha trabajado como modelo masculino y en sus últimos doce años su actividad laboral consistió en ser guarda de una órbita lejana.°

Las comidas también fueron un argumento con el que jugaron sus guionistas. Los gatos° son el manjar° preferido de Alf y los Tanner cuentan con un felino que el extraterrestre pretendió zamparse° nada más llegar. Su debilidad por las latas° de aluminio y su glotonería también son motivo de preocupación para Kate.

Escoja la respuesta más apropiada.

1. "Alf" ha tenido éxito porque
   a. plantea un problema fundamental.
   b. no es solamente para agradar a los niños.
   c. es una contradicción de la clase media.

2. La madre de la familia se preocupa porque
   a. Alf es un simpático personaje.
   b. es un ser extraño bendecido por un gran corazón.
   c. Alf no tiene buenos modales; tampoco es un buen modelo para sus hijos.

3. Alf
   a. no está muy bien educado.
   b. tiene un curriculum desdeñable.
   c. es inteligente y ahora bilingüe.

4. En su propio planeta, Alf
   a. tenía un empleo responsable como guarda.
   b. trabajaba en un equipo de *bouillabaseball.*
   c. sabía mucho de los deportes de la Tierra.

5. Alf
   a. prefiere la comida de su planeta.
   b. prefiere la comida que sirven los Tanner.
   c. prefiere comida rara para los Tanner.

Alf tampoco es indiferente al amor. Es soltero y, según presume, en su planeta Melmac tiene a alguien dueña de su corazón.° Mientras tanto, dice "estar buscando" en la Tierra° con quien compartir sus inquietudes,° pero encuentra dificultades para la conquista de melmacianas° en el barrio. De momento, sus preferencias amorosas se inclinan hacia la actriz Andrea Elson, que interpreta a Lynn, única hija de los Tanner.

La familia se ve obligada a esconder° a tan singular visitante de los vecinos° fisgones y las autoridades. Ello constituye todo un problema por la falta de

informática estudios de computación
deportiva *sports-related*
lejana distante
gatos *cats*
manjar comida
zamparse comer rápidamente
latas *cans*

dueña de su corazón *owner of his heart*
Tierra el planeta en que vivimos
inquietudes preocupaciones
melmacianas "mujeres" de Melmac
esconder *to hide*
vecinos personas que viven cerca

sensibilidad de Alf, que no entiende porqué no puede aparecer en público y se empeñan en° presentarlo como un perro de una raza nueva.

Él se mantiene en su empeño de quedarse° en California, está encantado con el trato° que recibe y pretende convertirse en un miembro más de la familia. Por ello, la tácita complicidad que se establece entre los niños y Willie, el padre —interpretado por Max Wright—, es absoluta. No hay otro remedio que defenderlo y a pesar de ello, el muñeco no está dispuesto a° renunciar sus caprichos.

Dada su experiencia como *model masculino,* le encanta pasar por famosas figuras del rock and roll, su música preferida. Alf es el listo° y encantador monstruo que muchos quisieran ver aterrizar en su balcón porque perdió el control de su nave espacial.°

Reprinted with permission.

Decida si las frases son verdaderas o falsas.

1. Alf es indiferente al amor; por eso es soltero.
2. Las melmacianas en el barrio no le interesan a Alf.
3. Alf está románticamente interesado en Lynn.
4. Alf aparece en público sin problema.
5. Alf es un perro de una raza nueva.
6. Alf quiere cambiar su carácter para hacerse miembro de la familia.
7. Alf es considerado muy guapo en su propio planeta.

▶ 3 ◀

Tercer paso: Volvamos a leer

Vuelva Ud. al artículo y léalo por lo menos una vez más. Corrija las respuestas de las pruebas. Si hay errores, lea el trozo que malentendió hasta entenderlo.

▼
¿Comprendió Ud. la lectura?
▲

A **¿Cuánto recuerda Ud.?** Conteste las preguntas según el artículo "Alf, historia de un muñeco que seduce a niños y adultos." Use sus propias palabras.

1. ¿Qué es Alf? ¿Cómo es físicamente?
2. ¿Cómo es que Alf conoce a los Tanner?

De vez en cuando los muñecos, como los Muppets aquí, hacen comentarios políticos.

3. ¿Cómo es que Alf "seduce" a niños y adultos?

4. ¿Quién es Tom Patchett? ¿Qué experiencia ha tenido con teleñecos?

5. ¿Quién es Michu Mezaros? A partir del episodio 27 de "Alf" ¿qué es lo que le da vida al extraterrestre?

6. ¿Qué tienen que ver las marionetas y personas como Jim Henson y Frank Oz con producciones como "Alf"?

7. ¿Cómo se sabe que los teleñecos no son exclusivamente para niños?

8. ¿Qué ha hecho España con los teleñecos?

9. ¿De dónde proviene el acierto de "Alf"?

10. ¿Por qué se preocupa la madre de los Tanner respecto a Alf?

11. ¿Qué datos (*facts*) históricos saben los telespectadores de Alf?

Tercer paso: Volvamos a leer

12. ¿Cuál es el problema con la comida favorita de Alf y la situación en la que se encuentra?

13. ¿En quién tiene Alf un interés romántico?

14. ¿Qué problemas presenta Alf respecto a los vecinos y las autoridades?

15. ¿Por qué defienden los Tanner a Alf?

B **Prueba de vocabulario.** Usando las palabras a continuación, escriba frases que resuman algo del artículo sobre "Alf." Puede usar formas relacionadas de las palabras si quiere.

> **Modelo:** guión / realizado
> *El **guión** de "Alf" tiene que ver con una familia y un extraterrestre, y fue **realizado** con actores y un robot.*
> *El **guionista** ha tenido bastante experiencia con teleñecos, y tiene que trabajar con los **realizadores** para darles forma a sus ideas.*

1. cotidianeidad / divertido
2. modales / educación
3. carácter / soler
4. propicio / afición
5. soler / fisgón
6. conmover / soltero
7. pantalla / divertirse

Reaccionemos
▲▲▲▲▲▲▲▲▲▲

C **Analicemos el artículo.** Formen Uds. grupos pequeños para hablar de estas ideas. Discutan su importancia en relación al artículo sobre "Alf". Después, compartan sus ideas con las de la clase entera.

1. la creación de la idea de un programa que emplea a un teleñeco como protagonista
2. el valor de la historia de los teleñecos en el contexto de "Alf"
3. la falta de verosimilitud en la idea básica del programa
4. lo cómico versus lo serio
5. lo cotidiano versus lo extraño
6. el interés que los españoles tienen en "Alf"
7. la importancia de la ironía en el programa

D **Solicitamos su opinión.**

1. ¿Alguna vez ha visto Ud. un episodio de "Alf"? ¿Por qué sí o por qué no?
2. ¿Qué le parece a Ud. el interés que los españoles tienen en "Alf"?

3. ¿Cree Ud. que "Alf" representa bien a una parte de la cultura norteamericana? ¿Por qué sí o por qué no?

4. ¿Cree Ud. que un programa con humor tiene algo que ver con su popularidad? Explique.

5. ¿Por qué cree Ud. que películas como *E.T.* y *The Muppets Take Manhattan* son populares con personas de todas edades, al igual que con personas de varios países?

6. ¿Cree Ud. que programas como "Alf" son una forma de escapismo? Explique.

7. ¿Cuál es su opinión sobre el carácter de Alf? ¿Le gusta a Ud., o cree que es nada más que un animal grosero?

8. ¿Ve Ud. mucha televisión? ¿Por qué ve Ud. televisión? ¿Es simplemente para divertirse o hay algo más?

9. Según el artículo, el programa "Alf" es muy popular en España. Si Ud. tuviera que escoger otros programas de los Estados Unidos para representar su cultura, ¿cuáles escogería? ¿Por qué? ¿Cuáles no escogería? ¿Por qué? ¿Escogería "Alf" como un ejemplo? ¿Por qué sí o por qué no?

10. Si Ud. pudiera escoger algunos programas españoles para aprender algo de la cultura, ¿qué tipos de programas escogería? ¿Por qué?

E **Debate.** Formen grupos. Un grupo debe defender las ideas siguientes y el otro debe criticarlas.

1. Viendo programas como "Alf," los telespectadores españoles tienen una idea falsa de los estadounidenses.

2. Los creadores de "Alf" deben tener vergüenza por haber creado un programa tan inverosímil.

3. Es imposible aprender algo de una cultura por medio de programas como "Alf".

4. En general, la televisión como forma de diversión tiene poco valor.

Reaccionemos

F | Temas escritos

1. Escriba una composición que incluya sus opiniones sobre la popularidad de "Alf" en los EE.UU. y en España. ¿Cree Ud. que es un programa bien representativo de los Estados Unidos?

2. ¿Cuál es la importancia de la televisión como forma de diversión? ¿En qué otras maneras puede divertirse uno? ¿Cómo se divertiría el mundo sin televisión?

3. Ud. es un(a) guionista famoso(a). Invente un programa de televisión. Incluya los personajes, la trama *(plot)*, el lugar, etc.

4. Este artículo es una reseña *(review)* del programa "Alf". Escoja Ud. otro programa de televisión y escriba un artículo como éste. Incluya los personajes, lo que (no) le gusta, por qué (no) tiene éxito, etc.

Respuestas a las pruebas

p. 123 1. extraterrestre
2. pantallas
3. carácter
4. guionista
5. realizadores
6. robot

p. 124 1. V   2. F   3. V   4. F   5. F   6. F

p. 125 1. b   2. c   3. c   4. a   5. c

p. 126 1. F   2. F   3. V   4. F   5. F   6. F   7. V

CAPÍTULO 11

¡No espere más!
¡Haga el viaje de sus sueños!

▼

Para muchas personas, el viajar es uno de los pasatiempos favoritos. Probablemente el dinero es el factor principal para tomar la decisión de viajar. Determina el medio de transporte, sea el coche, el tren o el avión. También nos ayuda a decidir si nos quedamos en un hotel elegante o en una pensión barata. Indica también lo que se come, ¿no?

En este capítulo, vamos a leer un artículo que nos da varias ideas para preparar un viaje a Europa. ¿Quiere Ud. acompañarnos este verano? ¡Vamos!

¿Qué hace la persona en el dibujo?

▼

¿Le gusta a Ud. viajar?

▼

¿Qué lleva Ud. cuando viaja?

▼

Describa su viaje ideal.

▼

¿Qué recomendaciones le da Ud. a una persona que quiere viajar?

▲▲▲▲▲▲▲▲▲▲

Sustantivos

▶ **el sueño (soñar (ue) con, soñado[a]):** "imágenes mentales" que se producen mientras alguien duerme; algo muy deseado
Este verano voy a hacer el viaje de mis **sueños;** ¡voy a Europa!

▶ **los recuerdos (recordar [ue]):** algo que está en la memoria y que no se olvida; cosas que se compran para no olvidar un viaje
El recuerdo más agradable de mi viaje es el día que pasé en Madrid. Voy a **recordar** ese día siempre. Allí compré varios **recuerdos** para mi familia.

▶ **el descuento (descontar [ue]):** menos del precio original, no es necesario pagar tanto como siempre, un precio especial
Al buscar una línea aérea, le recomiendo que pida información sobre los viajes de **descuento** para no gastar todo su dinero en el transporte.

▶ **el presupuesto:** la lista de todos los gastos; la cantidad de dinero para gasolina, comida, electricidad, etc.
Ojalá que pueda seguir mi **presupuesto** planeado. No quiero usar mis tarjetas de crédito.

▶ **el entretenimiento (entretenido[a]), entretener [ie]):** las diversiones, lo que se hace para divertirse, sea ir al teatro, viajar o cantar
Es una buena idea investigar **los entretenimientos** que no cuestan nada. Hay muchas actividades **entretenidas** que se pueden hacer sin pagar nada.

▶ **la propina:** el dinero que se deja para un(a) camarero(a) en un restaurante por el buen servicio
Antes de dejar **una propina,** esté seguro(a) de que no está incluida automáticamente en la cuenta.

▶ **las guías (el [la] guía, guiar):** los libros que explican los lugares de interés, dónde están los restaurantes, los museos, etc.
Las guías de turista ofrecen mucha información útil: los lugares de interés, los buenos restaurantes, servicios médicos, etc. Se las puede comprar en muchas librerías.

Verbos

▶ **ahorrar (los ahorros, ahorrado[a]):** guardar algo, no usar el dinero sino ponerlo en el banco, por ejemplo
Ahorré todo el dinero necesario para pagar mi viaje, ¡sin usar tarjetas de crédito!

▶ **tomar una decisión:** decidir
He tomado una decisión: voy a pasar una semana en España y una en Francia.

▶ **quedar(se) (quedado[a]):** no salir, continuar en un lugar, permanecer en un lugar

11 ¡No espere más! ¡Haga el viaje de sus sueños!

Antes de **quedarse** en un hotel, es necesario saber el precio de la habitación, a qué hora se le permite a uno entrar, si hay restaurante, etc.

▸ **gastar (el gasto):** usar el dinero para comprar cosas
No **gaste** Ud. dinero en cosas inútiles. Es mejor ahorrarlo para **los gastos** necesarios, ¡como las comidas!

▸ **averiguar (averiguado[a]):** estar seguro; encontrar la información correcta
Averigüe las horas exactas de su avión. ¡Ud. no quiere perder el vuelo!

▸ **alquilar (alquilado[a], el alquiler):** dar dinero por el uso de un apartamento o de un coche, por ejemplo
Si Ud. quiere ver mucho, es recomendable **alquilar** un coche. Se puede recogerlo en un país y devolverlo en otro. **El alquiler** puede ser caro, pero es conveniente.

Adjetivo

▸ **barato(a):** que no cuesta mucho dinero, lo contrario de *caro*
Al llegar a una ciudad, siempre buscaba los hoteles más **baratos** para poder usar mi dinero en otras cosas.

Preposición

▸ **fuera de (afuera, las afueras):** lo contrario de *dentro de*
Voy a viajar "**fuera de** estación", es decir, no durante el verano, cuando hay muchos turistas. También voy a ir a **las afueras,** no a las ciudades.

▼
Palabras emparentadas
▲

Complete las frases con las formas correctas de las palabras a continuación.

Modelo: alquilar, alquilado, el alquiler
*Yo **alquilé** un Toyota para mis vacaciones. Aunque el **alquiler** costó bastante, el coche **alquilado** funcionó muy bien.*

1. **el sueño, soñar, soñado**
Hace mucho tiempo que yo _____ con viajar a Europa. Para mí, este viaje _____ ahora es posible. Por fin voy a realizar mi _____ .

2. **el descuento, descontar; gastar, el gasto**
Para una persona que no quiere _____ mucho dinero en un viaje, es bueno buscar los viajes de _____ . Muchas agencias de viaje _____ ciertos viajes para que sus clientes puedan mantener _____ en control.

3. **el entretenimiento, entretenido, entretener**
Siempre se puede encontrar cosas _____ que hacer que no cuestan mucho dinero. _____ depende de los gustos personales, claro, pero a menudo para _____se, uno solamente tiene que sentarse en un café y mirar a la gente.

4. **las guías, el (la) guía, guiar**
Nosotros compramos _____ para saber cuáles eran los lugares de mayor interés en México. Fuimos a las pirámides, y _____ muy simpático nos _____ por la ciudad vieja de Tenochtitlán.

Juguemos con las palabras   133
▲

5. **averiguar; los ahorros, ahorrar**

— ¿Ya _____ la información sobre el vuelo?

— Sí. Ahora, vamos a retirar el dinero que tú y yo _____ para pagar los boletos.

— Creo que es fantástico usar _____ para algo divertido.

▼ Cognados relacionados con el tema ▲

Adivine las significados de los cognados siguientes que vienen de "¡Europa . . . ! ¡Sin más demoras . . . ! Viajando dentro de un presupuesto". Luego conteste las preguntas.

económica	(una) lista (de)	precio (de) turista
sistema (de trenes)	restaurantes económicos	conciertos
precios razonables	museos	galerías
oficina (de) turismo	(una) calculadora	

1. Look at these cognates. On what do you think this articles focuses? Which words suggest that focus?

2. What places might a tourist want to look into when planning a trip?

3. What is a suggestion to keep track of expenses when traveling?

▼ En otras palabras ▲

▶ The verb **soñar** is followed by **con** to mean "to dream about."

▶ **Gastar** is usually used in reference to money, whereas **pasar** is used to refer to spending time. **Gastar** is also used to mean "to use up," as in **gastar mucha gasolina.**

▶ The verb **quedar(se)** has many meanings.

quedarle algo a alguien *to be left*

quedar en *to agree, to plan on*

quedarle bien (mal) *to fit well (badly)*

quedarse *to remain, to stay*

quedarse sin *to run out of*

▶ **El recuerdo** means "memory" in the sense of a recollection. It can also mean "souvenir." **La memoria** means "memory," in terms of the ability to remember.

Using all of the above words, write a short paragraph recalling a trip that you once took.

11   ¡No espere más! ¡Haga el viaje de sus sueños!

▶ The article you are about to read mentions **pensiones** and **tapas. Pensiones,** available throughout Spain, are small inns or homes in which the owner rents several rooms to tourists. They are relatively inexpensive, and the price includes breakfast.

▶ **Tapas** are very popular throughout Spain. They are small servings of different foods, much like hors d'oeuvre, which are offered at many restaurants and bars. They include such things as miniature meat pies, sausage, cheese, olives, small sandwiches **(bocadillos),** etc.

▶ 1 ◀

Primer paso:
Preparémonos para leer

▼
Understanding
what you
read
▲

Often, asking yourself why an author decided to write a piece and what the purpose of the piece is will help you better understand what you are reading. The title of an article will sometimes give you a clue to the answers to these questions. After several readings, you should be able to fully answer each question. It can also be helpful to list a few major points of the article before your last reading to give you a better sense of supporting information.

▼
Apliquemos
la estrategia
▲

Look at the title of the article you are about to read and jot down what you think the purpose is and why the author wanted to write it. After you have read the piece several times, go back and amend your statements if necessary. Be sure to share your answers with those of your classmates. Before your last reading, write down three main points, and during your last reading, make sure they are supported by the other information in the piece. These too can be shared in small group discussions.

▼
Anticipemos
un poco
▲

1. The article you are about to read deals with traveling. Based on your personal experiences, what recommendations might you make for someone planning a trip?

2. Once the trip is planned, what tips would you give someone planning to travel around Europe regarding hotels, meals, etc.?

3. If you had to follow a budget, on what things would you be willing to economize? Where would you not want to cut corners?

Segundo paso:
Ahora, leamos

Este artículo proviene de la popular revista hispaña Vanidades. *Esta revista tiene casi de todo. En sus artículos hay muchas sugerencias para cuidarse mejor, para mejorar las condiciones de trabajo, para planear viajes, para cocinar comidas deliciosas, etc. ¿Por qué no compra Ud. un ejemplar?*

demoras *delays*

¡Europa . . . ! ¡Sin mas demoras . . . !°
Viajando dentro de un presupuesto
Mari Rodríguez Ichaso
▲▲▲▲▲▲▲▲▲

aprovéchelas *take advantage of them*

Hay formulas prácticas (no mágicas) para hacer realidad ese viaje tantas veces soñado; conozcalas ¡y aprovéchelas!°

¿Algunos *tips* para que su viaje a Europa sea una aventura mucho más económica . . . ? Hoy se los daremos, ya que se aproxima la época en que los precios bajan° y los estudiantes y el llamado «turismo de verano» regresa a casa . . . Europa en otoño, invierno y primavera es deliciosa, y quizás sea el momento de poner en acción sus sueños y hacer ¡al fin! ese viaje que lleva años y años posponiendo.

bajan se reducen

1. Viajar «fuera de estación», lo que quiere decir evitar viajar a Europa (o Estados Unidos) entre junio y octubre; y a zonas cálidas° entre enero y abril . . . En los meses de primavera y otoño, no sólo todo le costará 40% menos, sino que su viaje será mucho más agradable y relajado.

cálidas en que hace calor

2. Planéelo todo con tiempo y averigüe con las diferentes líneas aéreas (directamente) los diferentes tipos de tarifas,° viajes *charter* o viajes de descuento. Si quiere viajar en tren, de ciudad a ciudad (en Europa) pregunte sobre *el Eurailpass* (viajes ilimitados por una cantidad global) o los planes que cada país ofrece en su sistema de trenes.

tarifas precios, costos

3. Si quiere ahorrar en el hotel, considere quedarse en una pensión (en Europa son muy populares y muchas son excelentes); o en algún hotel en las afueras de la ciudad . . . A veces, a 30 minutos del centro de una gran ciudad hay excelentes hoteles y moteles a precios muy razonables. También considere la posibilidad de quedarse en albergues° de estudiantes; hoteles antiguos, donde hay habitaciones° más baratas al no tener baño privado; o en casas privadas donde alquilan habitaciones (los periódicos locales las anuncian). Por ejemplo: en Austria, Alemania y Suiza verá muchas casas, tipo *chalet,* con

albergues *inns*
habitaciones cuartos

11   ¡No espere más! ¡Haga el viaje de sus sueños!

letreros que dicen «Zimmer Frei» o «Zimmer zu Vermieten», lo que significa que alquilan habitaciones. En Italia las pensiones son muy populares y muy limpias, y más del 60% más baratas que un *albergo* u hotel. En Francia hay gran cantidad de hoteles de 2 estrellas° muy económicos y agradables y en las carreteras° busque los *logis,* donde hay ambiente campestre° y los precios son excelentes. En España y Portugal los «paradores» y las *pousadas* son maravillosos cuando se viaja por el país en auto; y en sus ciudades abundan los hoteles y las pensiones económicas. Infórmese con las Oficinas de Turismo de cada país en su ciudad. Un libro muy bueno es *Europe on $20 a Day,* de Arthur Frommer.

estrellas *stars*
carreteras *highways*
ambiente campestre un aire del campo

Decida si las frases son verdaderas o falsas.

1. Por lo general, un viaje a Europa en el verano es lo mejor porque no hay muchos turistas ni estudiantes.

2. Es mejor viajar a Europa o a los Estados Unidos en los meses de primavera o de otoño porque los precios son más baratos.

3. El *Eurailpass* es un buen modo de viajar por avión porque no cuesta muchísimo.

4. Las pensiones y los hoteles en las afueras no cuestan tanto como los hoteles en las ciudades.

5. Muchos albergues de estudiantes y hoteles antiguos no ofrecen un baño privado, pero los precios son muy razonables.

6. Muchos europeos alquilan habitaciones en su casa.

7. Los paradores de Francia son excelentes.

8. Es una buena idea consultar con la Oficina de Turismo de cada país para obtener información sobre los hoteles.

desayuno y almuerzo *breakfast and lunch*
orillas *riverbanks*
Sena río que cruza París
quesos *cheese*
cena danesa comida de Dinamarca
fijo que no cambia

promover *to promote*
vigilar tener cuidado con
chatos vasos pequeños

4. Ahorre considerablemente en su desayuno y almuerzo° comprando cosas en algún mercado local y haciendo *picnic* en algún parque público, de los que hay siempre muchos . . . ¡Un picnic a orillas° del Sena,° con quesos,° *patés* y una botella de vino, es uno de los recuerdos más agradables que guardo! Más de 400 restaurantes en Dinamarca participan en el plan llamado «Dan Menu», el que se ofrece a los turistas por menos de 10 dólares por persona e incluye una típica cena danesa° muy abundante . . . En Suecia los restaurantes están ofreciendo almuerzos por precio fijo,° a 5 ó 6 dólares; mientras que en Noruega el plan se llama «Holiday Menu». También en las Oficinas de Turismo de Francia tienen una lista con 40 restaurantes económicos en la zona de París. Todo para promover,° cada día más, las visitas de los turistas que tienen que vigilar° su presupuesto y hacer sus países más accesbiles. En España, una cena peude sustituirse con una visita a un sitio de *tapas* y acompañarlas con unos *chatos*° de vino local; y en Londres hay restaurantes chinos, hindúes e italianos muy baratos.

Informarse es la mejor manera de ahorrar dinero cuando se viaja. ¡No deje Ud. de hacer muchas preguntas y pedir la información que necesite cuando vaya de vacaciones!

5. Use el transporte local, ya que será más económico (autobuses, metros, etc.), además de muy entretenido, y le enseñará más sobre la gente de cada lugar; y cuando visite museos y lugares de interés turístico, pregunte si hay días en que la entrada es más barata o si aceptan descuentos de estudiantes, etc.

6. Cambie siempre su dinero en un banco, ya que en el hotel le darán menos. Y no olvide llevar siempre con usted una calculadora de bolsillo,° para hacer cuentas,° calcular precios, etc. Si va a dar propina, recuerde que algunos lugares automáticamente le incluyen el 15% de servicio en la cuenta, por lo que siempre pregunte si está incluída y si no, dé el 15%, pues la mayoría de los camareros° trabajan principalmente a base de las propinas.

bolsillo *pocket*
hacer cuentas *figure out bills*

camareros *waiters*

Complete las frases con las palabras adecuadas según el contexto del artículo.

1. Es posible _____ mucho si se compra comida en un mercado en vez de comer en un restaurante.

▲

11   ¡No espere más! ¡Haga el viaje de sus sueños!

2. Muchos restaurantes europeos ofrecen un plan de comida especial para _____ su restaurante.

3. En España, se puede visitar un sitio de _____ para evitar una cena grande.

4. Para aprender mucho de la gente, se recomienda usar _____ , lo que es también barato.

5. Es mejor cambiar el dinero en _____ que en _____ porque _____ .

6. Tenga cuidado porque en muchos restaurantes la propina está _____ en la cuenta.

7. Cuando salga de su ciudad, asegúrese° de llevar suficientes rollos para fotografías, baterías, artículos de tocador°, medicamentos, etc. No se imagina cómo esas compras inesperadas pueden averiarle° el presupuesto, ya que todo lo pagará a precio de turista. Si tiene que comprar algo, vaya a una tienda de descuento (el «Uniprix» o «Monoprix» en Francia; «Sepu» en Madrid; «Marks and Spencer» en Londres, etc.), en las cuales los precios son estables y bastante razonables.

8. En cada ciudad revise° las guías, o revistas locales de entretenimiento, donde encontrará información de lugares donde hay conciertos y galerías que puede visitar gratis.° También las últimas aperturas° y estrenos.°

9. Un consejo básico es que lleve su dinero en cheques de viajero. ¡No lo deje de hacer! Y si está a su alcance,° una tarjeta de crédito de aceptación internacional como Visa, MasterCard, American Express, Diner's, etc.

10. Una buena idea — especialmente si su dinero es muy limitado — es hacer una lista de lo que tiene en mano para gastar y, día a día apuntar° lo que va gastando y lo que le queda . . . Así puede hacer ajustes, ya que en los primeros días de viaje — no importa la decisión que haya tomado antes — verá que gasta muy rápido, más de lo programado. ¡Buen viaje!

Reprinted with permission.

Escoja la respuesta más apropiada.

1. Es mejor comprar cosas necesarias antes de salir porque
   a. no es posible encontrarlas en muchos lugares.
   b. son mucho más caras en algunos lugares.
   c. no hay tiendas de descuento en Europa.

2. Es bueno consultar una guía porque
   a. no hay información para turistas.
   b. incluyen sólo los precios de entrada.
   c. ofrecen ideas de entretenimiento.

3. Con respecto al dinero, no es bueno
   a. usar tarjeta de crédito o cheques de viajero.
   b. hacer cheques personales.
   c. usar dinero en efectivo *(cash).*

4. Si tiene que vigilar su dinero, es bueno
   a. anotar todos los gastos del día.
   b. usar tarjeta de crédito.
   c. esperar hasta el último día del viaje para comprarse algo.

▶ 3 ◀

Tercer paso:
Volvamos a leer

1. Vuelva Ud. al artículo y léalo por lo menos una vez más. Corrija las respuestas de las pruebas. Si hay errores, lea el trozo que malentendió hasta entenderlo.

2. Comparta con sus compañeros de clase sus ideas sobre la sección **Apliquemos la estrategia** del **PRIMER PASO.** ¿Cuál es el propósito del

artículo según el título? ¿Por qué lo escribió la autora? ¿Cuáles son tres o cuatro puntos sobresalientes *(outstanding)* del artículo? ¿Cómo apoya la autora estas ideas con más información?

▼
¿Comprendió Ud. la lectura?
▲

A **¿Cuánto recuerda Ud.?** ¿Qué recomendaciones hace la autora con respecto a los siguientes puntos? Haga una lista de las sugerencias que vienen del artículo.

> **Modelo:** un buen tiempo para viajar
> *Es mejor viajar en los meses de primavera o de otoño.*
> *Evite Ud. la estación de turista — los meses de verano.*
> *No vaya a lugares donde hace calor durante los meses de enero, febrero o marzo.*

1. las líneas aéreas
2. el tren
3. los hoteles, las pensiones, los paradores
4. los albergues de estudiantes
5. las comidas
6. las Oficinas de Turismo
7. el entretenimiento
8. el dinero (el presupuesto)
9. las guías
10. las cosas necesarias que Ud. tiene que llevar consigo

B **Prueba de vocabulario.** Además de las recomendaciones que Ud. encontró en el artículo, ¿qué otras le daría a alguien? Haga una lista de recomendaciones o experiencias personales usando las palabras siguientes. Puede usar formas relacionadas de las palabras si quiere.

> **Modelo:** viajar / los recuerdos
> *Cuando yo **viajé** a Europa, compré **recuerdos** de cada país que visité.*
> *Es una buena idea escribir una lista de **recuerdos** durante el **viaje**. Los **recuerdos** de un buen **viaje** valen el precio del **viaje**.*

1. quedarse / las afueras
2. ahorrar / el presupuesto
3. tomar una decisión / gastar
4. el entretenimiento / barato
5. quedarle / poco dinero
6. alquilar / una habitación
7. las guías / entretener
8. averiguar / los gastos del viaje
9. la propina / la cuenta *(bill)*
10. viajes / descontar

C **Analicemos el artículo.** Formen Uds. grupos pequeños para hablar de estas ideas. Después, compartan sus ideas con las del resto de la clase.

1. el valor de los *tips* que le ofrece la escritora al lector
2. otros *tips* que ella no incluyó en su artículo
3. los mejores medios de transporte (en su opinión y por qué)
4. las distintas posibilidades de alojamiento: hoteles, pensiones, etc. (las diferencias y sus preferencias personales)
5. los entretenimientos incluídos y no incluídos
6. la importancia o no de las guías

GRATIS
En Miami y Orlando

3ª noche en un lujoso
Hotel Marriott y auto de
General Rent-a-Car por 3 días*

7. la importancia o no de los presupuestos

8. el valor general del artículo

D Solicitamos su opinión.

1. ¿Le gusta a Ud. viajar? ¿Cómo? ¿Cuándo?

2. Describa Ud. un viaje especial o desastroso que haya hecho.

3. ¿Adónde viajaría Ud. si pudiera? ¿Por qué?

4. ¿Cómo es el viaje de sus sueños?

5. Cuando viaja Ud., ¿busca descuentos? ¿Planea Ud. un presupuesto? ¿En qué le gusta gastar el dinero? ¿Compra recuerdos o prefiere gastar su dinero en hoteles buenos y en restaurantes buenos? ¿O en los dos?

6. ¿Qué cualidades busca Ud. en un hotel? ¿en un restaurante? ¿en un viaje?

7. ¿Prefiere Ud. viajar solo(a) o en grupo? ¿Por qué? ¿Cuáles son los beneficios de viajar solo(a)? ¿de viajar en grupo? ¿Cuáles son las desventajas de los dos?

8. ¿Qué cosas lleva Ud. cuando viaja? ¿Qué no lleva? ¿Qué pone en la maleta *(suitcase)*?

9. ¿Qué actividades le gustan a Ud. cuando viaja? ¿En qué actividades no le gusta participar?

10. ¿Qué cosas incluiría Ud. en un presupuesto si tuviera que hacer uno? ¿Qué no incluiría?

11. ¿Cómo es el (la) turista "típico(a)"? ¿Y cómo es el (la) turista no típico(a)? ¿Qué tipo de turista es Ud.? Explique.

12. ¿Cuáles son los problemas más comunes para los viajeros?

E Debate. Formen grupos. Un grupo debe defender las ideas siguientes y el otro debe criticarlas.

1. El viajar es una actividad frívola; es mejor gastar el dinero en otras cosas.

2. Buscar descuentos es una pérdida de tiempo. Si quiere algo, cómprelo.

3. Los presupuestos no sirven para nada. El resultado de un presupuesto que no funciona es frustración y *stress.*

4. Es esencial consultar una guía antes de hacer un viaje para estar seguro(a) de lo que ofrece un país.

5. El mejor viaje es uno de lujo *(luxury):* quedarse en hoteles de 5 estrellas, comer en los mejores restaurantes, etc.

6. Cuando se viaja, lo más importante es ver y comprar.

7. No es importante saber hablar el idioma de un país para viajar allí.

8. La mejor manera de viajar es ir sin planear ningún detalle. Así uno se divierte sin tener que seguir un itinerario fijo.

F | Temas escritos

1. Prepare Ud. un presupuesto para un viaje. Esté seguro(a) de incluir todos los gastos.

2. Si tuviera la oportunidad de viajar y si el dinero no fuera un problema, ¿adónde iría Ud.? Describa en detalle el viaje de sus sueños.

3. Ud. trabaja para una oficina de turismo y tiene que escribir un anuncio para un periódico que promueve *(promotes)* un viaje especial. Incluya los medios de transporte, los destinos, las actividades, los hoteles, las comidas, etc.

Respuestas a las pruebas

p. 137   1. F   2. V   3. F   4. V   5. V   6. V   7. F   8. V

p. 138   1. ahorrar
2. promover
3. tapas
4. el transporte local
5. un banco, un hotel, dan más en un banco (menos en un hotel)
6. incluída

p. 140   1. b   2. c   3. b   4. a

CAPÍTULO 12

Algunas consideraciones sobre la salud

▼

La salud es algo en lo que algunos piensan mucho. Cuando estamos sanos, a menudo no pensamos en cuánta suerte tenemos de estar sanos. A veces, es necesario experimentar una enfermedad o la de un(a) amigo(a) o pariente para apreciar la buena salud.

Las actitudes hacia la salud también son variadas. El cuento de este capítulo, "La gallina degollada", explora algunas de estas actitudes hacia una enfermedad mental y hacia la buena salud.

Describa el dibujo.
¿Quiénes son las cuatro sombras, cree Ud.?

▼

¿Cree Ud. que el estar mimado(a) *(spoiled)* puede ser como una enfermedad?

▼

En cuanto a las enfermedades mentales, ¿cómo podemos decidir quién está enfermo(a) y quién está sano(a)?

▲▲▲▲▲▲▲▲▲▲

Sustantivos

▶ **el banco:** un lugar, a menudo en un parque, donde uno puede sentarse
Los hijos pasaban el día sentados en su **banco** en el patio.

▶ **la herencia (heredar):** lo que se recibe de los padres, sean características
físicas o bienes materiales
El médico dijo que la causa de la enfermedad es **la herencia** paterna.

▶ **la amargura (amargo[a]):** resentimiento, remordimiento
Los padres no sienten ternura, sino **amargura** uno hacia el otro.

▶ **el cuidado (cuidar, cuidadoso[a]):** el mantenimiento en buenas condiciones
Era obvia la falta de **cuidado** materno porque los niños estaban muy sucios.

▶ **el porvenir:** el futuro
El porvenir del matrimonio Mazzini-Ferraz no era muy optimista.

▶ **el fracaso (fracasar, el fracaso):** un desastre, lo contrario de *tener éxito*
Berta sufría por **el fracaso** de su joven maternidad.

Verbos

▶ **sacudir (sacudido[a]):** mover violenta y rápidamente atrás o adelante
La sirvienta **sacudió** al hijo para que la comprendiera.

▶ **amanecer (el amanecer):** despertarse, sea una persona o un día
El día de su muerte **amaneció** tibio y brillante.

▶ **alcanzar (el alcance):** obtener; hacer algo finalmente
Por fin, los padres **alcanzaron** lo que querían: una hija normal.

▶ **culpar (la culpa, culpable):** decir que otro(a) es responsable por una acción
Mazzini **culpa** a Berta por la enfermedad de los niños.

▶ **arrancar (arrancado[a]):** sacar violentamente
La sirvienta **arrancó** al hijo de su banco en el patio.

▶ **arrastrar (arrastrado[a]):** capturar algo y moverlo a otro sitio contra su
voluntad por el suelo
Ellos la tomaron por la pierna y la **arrastraron** a la cocina.

▶ **alzar (alzado[a]):** levantar
Berta **alzó** los ojos para mirar en los ojos de su esposo.

▶ **echar (echado[a]):** insistir en que alguien salga, a veces violentamente
Berta **echó** a los cuatro hijos cuando fueron a la cocina.

Adjetivo

▶ **apagado(a) (apagar):** sin vida, extinguido
Los niños estaban **apagados** en el estado de idiotismo.

Palabras emparentadas
▲

Usando la palabra entre paréntesis, escriba una frase original que se parezca a la frase original. Algunos cambios estructurales serán necesarios.

> **Modelo: heredar**
>
> Por la apariencia física de los niños, la herencia paterna es obvia.
> *Es obvio que los niños* **heredaron** *las características de su padre.*

1. **la culpa**
   La esposa quería culpar al esposo por la condición de sus hijos.

2. **arrancado**
   Uno de los hijos arrancó a su hermana del banco.

3. **apagar**
   La inteligencia fue apagada por la enfermedad.

4. **cuidar**
   El médico notó la falta de cuidado materna.

5. **echado**
   Berta quería que la sirvienta echara a los hijos de la cocina.

6. **arrastrado**
   Los niños arrastraron a su hermana a la cocina.

7. **sacudido**
   La mamá sacudió brutalmente a los hijos.

8. **amargo**
   La amargura de los padres uno hacia el otro empezó a crecer.

▼

Cognados relacionados con el tema
▲

Adivine los significados de los cognados siguientes que vienen de "La gallina degollada". Luego conteste las preguntas.

convulsiones	(un) letargo (de) idiotismo	humillar
insultar	horrorizaba	horrible presentimiento
la meningitis	monstruos	
compasión	desesperación	

1. Which words suggest illness?
2. Which words suggest the results of an illness?
3. What emotions are involved?
4. What do the words **horrible presentimiento** suggest to you?

▼

En otras palabras
▲

▶ The verb **dar** does not always mean "to give." Here are three examples of expressions using **dar.** Try to guess the meaning of each.

Los hijos tenían mucha hambre y por eso la sirvienta **les daba de comer.**

Juguemos con las palabras

Ella no **se dio cuenta de** que eran las once de la mañana.

Después de comer, los hijos fueron a **dar a su banco** en el patio.

▶ The verbs **sostener** and **mantener** both mean "to support," **sostener** in a more physical sense and **mantener** in more of a financial sense. **Mantener** can also mean "to maintain."

▼

Para su información

▲

There are three prefixes used frequently in "La gallina degollada". The prefix **re-** means "again;" the prefix **des-** means "without, not;" and the prefix **in-** means "not." Form new words using these prefixes and then guess their meanings.

	Meaning	New Word	Meaning
re-			
poner	*to put, to place*	_____	_____
tener	*to have*	_____	_____
conquistada	*conquered*	_____	_____
cobrar	*to get, to gain*	_____	_____
in-			
evitable	*avoidable*	_____	_____
disposición	*disposition*	_____	_____
capaces	*capable*	_____	_____
diferente	*different*	_____	_____
des-			
esperanza	*hope*	_____	_____
aparecido	*appeared*	_____	_____
esperadamente	*hopefully*	_____	_____

▶ 1 ◀

Primer paso:
Preparémonos para leer

▼

Reading: Putting it all together

▼

Apliquemos la estrategia

▲

Many of the preceding reading strategies have focused on one or two specific areas of understanding. Now it is time to apply everything you've learned to your reading. The idea of this practice is to put together all of the strategies.

Multiple readings (as you know) are essential in order to fully understand a selection. In this, and in the subsequent readings for the **SEGUNDO** and **TERCER PASO,** try to write down the main ideas of a piece after your first reading. After the second reading, write down some specific points that support these main ideas. Finally, after your third or fourth reading, you should be able to briefly summarize the reading and react to it. Try to follow this procedure with "La gallina degollada." You may want to compare the results of each step with those of a classmate or a group of classmates.

▼
Anticipemos un poco
▲

1. "La gallina degollada" deals with tensions and attitudes in a family, which occur because of four retarded sons. What reactions and / or attitudes are likely to occur? What emotions are involved?
2. Finally, the parents have a "normal" child. What might their attitudes and actions be like toward this child? What might the relationship be like between the child and each parent? Try to guess the feelings they would have.

► **2** ◄

Segundo paso: Ahora, leamos

Horacio Quiroga (1878–1937) fue un escritor uruguayo que escribió más de 200 cuentos. Muchos de sus cuentos tratan de la muerte, el fracaso, el miedo, el alcoholismo o la enfermedad: temas naturalistas. Quiroga tenía una obsesión con la muerte, resultado tal vez de su vida trágica. Su padre murió por accidente con un rifle; su padrastro se suicidó con un rifle. Por accidente, Quiroga mismo mató a su mejor amigo durante la limpieza de su rifle. Su esposa se suicidó, deprimida por la vida en la selva de la Argentina. Su hija, Egle, también se suicidó después del casamiento de su padre con la mejor amiga de Egle. Por fin, Quiroga se suicidó cuando supo que tenía cáncer. En el cuento "La gallina degollada", vamos a explorar la muerte y muchos otros de estos temas.

La gallina degollada
Horacio Quiroga
▲▲▲▲▲▲▲▲▲

lengua *tongue*
labios *lips*
cerco de ladrillos *brick wall*
fijos *fixed*
se ocultaba bajaba

Todo el día, sentados en el patio, en un banco, estaban los cuatro hijos idiotas del matrimonio Mazzini-Ferraz. Tenían la lengua° entre los labios, los ojos estúpidos, y volvían la cabeza con toda la boca abierta.

El patio era de tierra, cerrado al Oeste por un cerco do ladrillos.° El banco quedaba paralelo a él, a cinco metros, y allí se mantenían inmóviles, fijos° los ojos en los ladrillos. Como el sol se ocultaba° tras el cerco al declinar, los idiotas tenían

enceguecedora brillante
estrepitosamente con mucho ruido
alineados en una línea
zumbaban *were humming, buzzing*
tranvía tren
mordiéndose *biting themselves*
mugiendo haciendo el ruido de una vaca

Este cuento empieza con los cuatro niños sentados en el banco del patio. ¿Qué significado puede tener este banco y el hecho de que los niños pasen los días sentados en él?

fiesta. La luz enceguecedora° llamaba su atención al principio; poco a poco sus ojos se animaban; se reían al fin estrepitosamente,° congestionados por la misma hilaridad ansiosa, mirando el sol con alegría bestial, como si fuera comida.

Otras veces, alineados° en el banco, zumbaban° horas enteras imitando al tranvía° eléctrico. Los ruidos fuertes sacudían asimismo su inercia, y corrían entonces alrededor del patio, mordiéndose° la lengua y mugiendo.° Pero casi

colgantes *hanging*
empapando *wetting*

siempre estaban apagados en un sombrío letargo de idiotismo, y pasaban todo el día sentados en su banco, con las piernas colgantes° y quietas, empapando° de glutinosa saliva el pantalón.

El mayor tenía doce años y el menor, ocho. En todo su aspecto sucio y desvalido se notaba la falta absoluta de un poco de cuidado maternal.

su estrecho amor *their ardent love*
dicha *felicidad*
vil egoísmo *vile selfishness*

Esos cuatro idiotas, sin embargo, habían sido un día el encanto de sus padres. A los tres meses de casados, Mazzini y Berta orientaron su estrecho amor° de marido y mujer y mujer y marido hacia un porvenir mucho más vital: un hijo. ¿Qué mayor dicha° para dos enamorados que esa honrada consagración de su cariño, libertado ya del vil egoísmo° de un mutuo amor sin fin ninguno y, lo que es peor para el amor mismo, sin esperanzas posibles de renovación?

creció *grew*
vigésimo mes *el mes veinte*

Así lo sintieron Mazzini y Berta, y cuando el hijo llegó, a los catorce meses de matrimonio, creyeron cumplida su felicidad. La criatura creció° bella y radiante hasta que tuvo año y medio. Pero en el vigésimo mes° sacudiéronlo una noche convulsiones terribles y a la mañana siguiente no conocía más a sus padres. El médico lo examinó con esa atención profesional que está visiblemente buscando la causa del mal en las enfermedades de los padres.

alma *soul*
baboso *dribbling, slobbering*
sollozaba *lloraba*
su primogénito *su primer hijo*

Después de algunos días los miembros paralizados de la criatura recobraron el movimiento; pero la inteligencia, el alma,° aun el instinto, se habían ido del todo. Había quedado profundamente idiota, baboso,° colgante, muerto para siempre sobre las rodillas de su madre.

— ¡Hijo, mi hijo querido! — sollozaba° ésta sobre aquella espantosa ruina de su primogénito.°

El padre, desolado, acompañó al médico afuera.

— A usted se le puede decir: creo que es un caso perdido. Podrá mejorar, educarse en todo lo que le permita su idiotismo, pero no más allá.

asentía *estaba de acuerdo*
pulmón *lung*
sopla *respira*
detenidamente *cuidadosamente*
remordimiento *remorse*
sin tregua *sin parar*

— ¡Sí!. . . , ¡Sí! . . . — asentía° Mazzini —. Pero, dígame: ¿Usted cree que es herencia, que . . . ?

— En cuanto a la herencia paterna, ya le dije lo que creí cuando vi a su hijo. Respecto a la madre, hay allí un pulmón° que no sopla° bien. No veo nada más, pero hay un soplo un poco rudo. Hágala examinar detenidamente.°

Con el alma destrozada de remordimiento,° Mazzini redobló el amor a su hijo, el pequeño idiota que pagaba los excesos del abuelo. Tuvo asimismo que consolar, sostener sin tregua° a Berta, herida en lo más profundo por aquel fracaso de su joven maternidad.

Decida si las frases son verdaderas o falsas.

1. El cuento empieza con una descripción de cuatro hijos que están en un patio imitando cosas y jugando con un tren eléctrico.

2. Es obvio que los padres cuidan bien a sus hijos.

3. Los padres estaban muy contentos con el primer niño hasta que tuvo veinte meses cuando sufrió una enfermedad horrible.

4. El médico le explicó al padre que el niño nunca recobraría el sentido.

Como es natural, el matrimonio puso todo su amor en la esperanza de otro hijo. Nació éste, y su salud y limpidez de risa reencendieron el porvenir extinguido. Pero a los dieciocho meses las convulsiones del primogénito se repetían, y al día siguiente el segundo hijo amanecía idiota.

honda *profunda*
sangre *blood*
malditos *damned*
ternura *tenderness*

Esta vez los padres cayeron en honda° desesperación. ¡Luego su sangre,° su amor estaban malditos!° ¡Su amor, sobre todo! Veintiocho años él, veintidós ella, y toda su apasionada ternura° no alcanzaba a crear un átomo de vida normal. Ya no pedían más belleza e inteligencia, como en el primogénito; ¡pero un hijo, un hijo como todos!

brotaron *aparecieron*
anhelo *deseo*
sobrevinieron mellizos *nacieron hijos idénticos*
mas *pero*

Del nuevo desastre brotaron° nuevas llamaradas de dolorido amor, un loco anhelo° de redimir de una vez para siempre la santidad de su ternura. Sobrevinieron mellizos,° y punto por punto repitióse el proceso de los dos mayores.

abolido *abolished*
deglutir *to swallow*

Mas° por encima de su inmensa amargura quedaba a Mazzini y Berta gran compasión por sus cuatro hijos. Hubo que arrancar del limbo de la más honda animalidad no ya sus almas, sino el instinto mismo, abolido.° No sabían deglutir,° cambiar de sitio, ni aun sentarse. Aprendieron al fin a caminar, pero chocaban contra todo, por no darse cuenta de los obstáculos. Cuando los lavaban mugían hasta inyectarse de sangre el rostro. Animábanse sólo al comer o cuando veían colores brillantes u oían truenos.° Se reían entonces, echando afuera° lengua y ríos de baba,° radiantes de frenesí bestial. Tenían, en cambio, cierta facultad imitativa, pero no se pudo obtener nada más.

truenos *thunder*
echando afuera *sticking out*
ríos de baba *rivers of drooling, dribble*
aterradora *terrifying, frightful*
transcurrido *pasado*
hubiera aplacado *hubiera calmado*
infructuosidad *unfruitfulness*
se agriaron *became bitter*
insidia *maliciousness*
se cargaba *became charged*

Con los mellizos pareció haber concluído la aterradora° descendencia. Pero pasados tres años, Mazzini y Berta desearon de nuevo ardientemente otro hijo, confiando en que el largo tiempo transcurrido° hubiera aplacado° a la fatalidad.

No satisfacían sus esperanzas. Y en ese ardiente anhelo que se exasperaba en razón de su infructuosidad,° se agriaron.° Hasta ese momento cada cual había tomado sobre sí la parte que le correspondía en la miseria de sus hijos; pero la desesperanza de redención ante las cuatro bestias que habían nacido de ellos echó afuera esa imperiosa necesidad de culpar a los otros, que es patrimonio específico de los corazones inferiores.

Iniciáronse con el cambio de pronombres: *tus* hijos. Y como a más de insulto había la insidia,° la atmósfera se cargaba.°

— Me parece — díjole una noche Mazzini, que acababa de entrar y se lavaba las manos — que podrías tener más limpios a los muchachos.

Berta continuó leyendo como si no hubiera oído.

inquietarte *preocuparte*

— Es la primera vez — repuso al rato — que te veo inquietarte° por el estado de tus hijos.

Mazzini volvió un poco la cara a ella con una sonrisa forzada.

— De nuestros hijos, me parece . . .

— Bueno, de nuestros hijos. ¿Te gusta así? — alzó ella los ojos.

Esta vez Mazzini se expresó claramente:

— Creo que no vas a decir que yo tenga la culpa, ¿no?

— ¡Ah, no! — se sonrió Berta, muy pálida —; pero yo tampoco, supongo . . . ! No faltaba más . . . ! — murmuró.

— ¿Qué no faltaba más?

— ¡Que si alguien tiene la culpa no soy yo, entiéndelo bien! Eso es lo que te quería decir.

Su marido la miró un momento, con brutal deseo de insultarla.

— ¡Dejemos! — articuló al fin, secándose las manos.

— Como quieras; pero si quieres decir . . .

— ¡Berta!

— ¡Como quieras!

Éste fue el primer choque, y le sucedieron otros. Pero en las inevitables reconciliaciones sus almas se unían con doble arrebato° y ansia por otro hijo.

arrebato enojo, furia

Escoja la respuesta más apropíada.

1. Los padres tuvieron _____ hijo(s) más.
   a. un
   b. dos
   c. tres
   d. cuatro

2. La enfermedad del primer hijo se repitió, y la actitud de Mazzini y Berta hacia los idiotas al principio era
   a. la de compasión.
   b. la de odio.
   c. la de desesperación.
   d. la de amargura.

3. Los hijos solamente podían
   a. deglutir.
   b. caminar sin chocar contra las cosas.
   c. imitar cosas.
   d. lavarse.

4. Berta y Mazzini querían
   a. culparse uno al otro por el idiotismo de los niños.
   b. sostenerse.
   c. cuidar bien a los hijos.
   d. olvidar la idea de tener otro niño.

---

a flor de al nivel de

Nació así una niña. Vivieron dos años con la angustia a flor de° alma, esperando siempre otro desastre.

acaeció ocurrió

complacencia *indulgence*

mimo *spoiling*

mala crianza *bad upbringing*

Nada acaeció,° sin embargo, y los padres pusieron en su hija toda su complacencia,° que la pequeña llevaba a los más extremos límites del mimo° y la mala crianza.°

Si aun en los últimos tiempos Berta cuidaba siempre de sus hijos, al nacer Bertita olvidóse casi del todo de los otros. Su solo recuerdo la horrorizaba como algo atroz que la hubieran obligado a cometer. A Mazzini, bien que en menor grado, pasábale lo mismo.

Segundo paso: Ahora, leamos

▲

No por eso la paz había llegado a sus almas. La menor indisposición de su hija echaba ahora afuera, con el terror de perderla, los rencores° de su descendencia podrida.° Habían acumulado hiel sobrado tiempo° para que el vaso no quedara distendido,° y al menor contacto el veneno se vertía° afuera. Desde el primer disgusto emponzoñado° habíanse perdido el respeto; y si hay algo a que el hombre se siente arrastrado con cruel fruición es, cuando ya se comenzó, a humillar del todo a una persona. Antes se contenían° por la mutua falta de éxito; ahora que éste había llegado, cada cual, atribuyéndolo a sí mismo, sentía mayor la infamia° de los cuatro engendros° que el otro habíale forzado a crear.

Con estos sentimientos, no hubo ya para los cuatro hijos mayores afecto posible. La sirvienta los vestía, les daba de comer, los acostaba, con visible brutalidad. No los lavaban casi nunca. Pasaban casi todo el día sentados frente al cerco, abandonados de toda remota caricia.

De ese modo Bertita cumplió cuatro años, y esa noche, resultado de las golosinas° que sus padres eran incapaces de negarle, la criatura tuvo algún escalofrío y fiebre.° Y el temor a verla morir o quedar idiota tornó a reabrir la eterna llaga.°

Hacía tres horas que no hablaban, y el motivo fué, como casi siempre, los fuertes pasos° de Mazzini.

— ¡Mi Dios! ¿No puedes caminar más despacio? ¿Cuántas veces . . .?

— Bueno, es que me olvido; ¡se acabó!° No lo hago a propósito.

Ella se sonrió, desdeñosa°:

— ¡No, no te creo tanto!

— Ni yo jamás te hubiera creído tanto a ti. . ., ¡tisiquilla!°

— ¡Qué! ¿Qué dijiste?

— ¡Nada!

— ¡Sí, te oí algo! Mira: ¡no sé lo que dijiste; pero te juro° que prefiero cualquier cosa a tener un padre como el que has tenido tú!

Mazzini se puso pálido.

— ¡Al fin! — murmuró con los dientes apretados—. ¡Al fin, víbora,° has dicho lo que querías!

— ¡Sí, víbora, sí! Pero yo he tenido padres sanos, ¿oyes? ¡sanos! ¡Mi padre no ha muerto de delirio! ¡Yo hubiera tenido hijos como los de todo el mundo! ¡Ésos son hijos tuyos, los cuatro tuyos!

Mazzini explotó a su vez.

— ¡Víbora tísica! ¡Eso es lo que te dije, lo que te quiero decir! ¡Pregúntale, pregúntale al médico quién tiene la mayor culpa de la meningitis de tus hijos; mi padre o tu pulmón picado,° víbora!

Continuaron cada vez con mayor violencia, hasta que un gemido° de Bertita selló° instantáneamente sus bocas. A la una de la mañana la ligera indigestión había desaparecido y, como pasa fatalmente con todos los matrimonios jóvenes que se han amado intensamente una vez siquiera, la reconciliación llegó, tanto más efusiva cuanto infames° fueran los agravios.°

Amaneció un espléndido día, y mientras Berta se levantaba escupió° sangre. Las emociones y mala noche pasada tenían, sin duda, gran culpa. Mazzini la retuvo

12 Algunas consideraciones sobre la salud

abrazada° largo rato y ella lloró desesperadamente, pero sin que ninguno se atreviera a° decir una palabra.

A las diez decidieron salir, después de almorzar. Como apenas° tenían tiempo, ordenaron a la sirvienta que matara una gallina.°

Decida si las frases son verdaderas o falsas.

1. Una niña nació y no sufrió las convulsiones de los otros hijos. Era una niña perfecta y bien educada.

2. Respecto a Mazzini y Berta, cada uno quiere el crédito de la niña y quiere aceptar la culpa del idiotismo de los hijos. Su relación es muy buena ahora.

3. Bertita, la niña, sufrió la enfermedad de los otros hijos a los cuatro años.

4. Durante la disputa violenta en que Berta y Mazzini se culpan uno al otro, Bertita se despierta y está bien.

El día, radiante, había arrancado a los idiotas de su banco. De modo que mientras la sirvienta degollaba° en la cocina al animal, desangrándolo° con

Estos niños juegan más inocentemente que los hijos de los Mazzini-Ferraz.

Segundo paso: Ahora, leamos

parsimonia° (Berta había aprendido de su madre este bueno modo de conservar la frescura de la carne), creyó sentir algo como respiración tras ella. Volvióse, y vió a los cuatro idiotas, con los hombros pegados° uno a otro, mirando estupefactos la operación. Rojo . . . rojo . . .

— ¡Señora! Los niños están aquí en la cocina.

Berta llegó; no quería que jamás pisaran° allí. ¡Y ni aun en estas horas de pleno perdón, olvido y felicidad reconquistada podía evitarse esa horrible visión! Porque, naturalmente, cuanto más intensos eran los raptos° de amor a su marido e hija, más irritado era su humor con los monstruos.

— ¡Que salgan, María! ¡Échelos! !Échelos, le digo!

Las cuatro bestias, sacudidas, brutalmente empujadas,° fueron a dar a su banco.

Después de almorzar salieron todos. La sirvienta fué a Buenos Aires y el matrimonio a pasear por las quintas.° Al bajar el sol volvieron; pero Berta quiso saludar un momento a sus vecinas de enfrente. Su hija escapóse en seguida a casa.

Entretanto° los idiotas no se habían movido en todo el día de su banco. El sol había traspuesto° ya el cerco, comenzaba a hundirse,° y ellos continuaban mirando los ladrillos, más inertes que nunca.

De pronto algo se interpuso entre su mirada y el cerco. Su hermana, cansada de cinco horas paternales, quería observar por su cuenta.° Detenida° al pie del cerco, miraba pensativa la cresta.° Quería trepar,° eso no ofrecía duda. Al fin decidióse por una silla desfondada,° pero aun no alcanzaba. Recurrió° entonces a un cajón° de kerosene, y su instinto topográfico hízole colocar° vertical el mueble, con lo cual triunfó.

Los cuatro idiotas, la mirada indiferente, vieron cómo su hermana lograba° pacientemente dominar el equilibrio° y cómo en puntas de pie apoyaba la garganta° sobre la cresta del cerco, entre sus manos tirantes.° Viéronla mirar a todos lados y buscar apoyo con el pie para alzarse más.

Pero la mirada de los idiotas se había animado; una misma luz insistente estaba fija en sus pupilas. No apartaban° los ojos de su hermana, mientras creciente° sensación de gula bestial° iba cambiando cada línea de sus rostros. Lentamente avanzaron hacia el cerco. La pequeña, que habiendo logrado calzar° el pie, iba ya a montar a horcajadas° y a caerse del otro lado, seguramente, sintióse cogida° de una pierna. Debajo de ella, los ocho ojos clavados° en los suyos le dieron miedo.

— ¡Soltáme!,° ¡dejáme! — gritó sacudiendo la pierna. Pero fué atraída.°

— ¡Mamá! ¡Ay, mamá! ¡Mamá, papá! — lloró imperiosamente. Trató aún de sujetarse° del borde, pero sintióse arrancada y cayó.

— ¡Mamá! ¡Ay, ma . . .! — no pudo gritar más. Uno de ellos le apretó° el cuello,° apartando los bucles° como si fueran plumas, y los otros la arrastraron de una sola pierna hasta la cocina, donde esa mañana se había desangrado la gallina, bien sujeta,° arrancándole la vida segundo por segundo.

Mazzini, en la casa de enfrente, creyó oír la voz de su hija.

— Me parece que te llama — le dijo a Berta.

prestaron oído
escucharon
dejar buscar

fúnebre *mournful, funereal*
aterrado con mucho miedo
la espalda se le heló *he got chills up and down his spine*
piso suelo
entornada medio cerrada
precipitarse entrar
ronco suspiro *a hoarse sigh, groan*

Prestaron oído,° inquietos, pero no oyeron más. Con todo, un momento después se despidieron, y mientras Berta iba a dejar° su sombrero, Mazzini avanzó en el patio:

— ¡Bertita!

Nadie respondió.

— ¡Bertita! — alzó más la voz, ya alterada.

Y el silencio fué tan fúnebre° para su corazón siempre aterrado,° que la espalda se le heló° del horrible presentimiento.

— ¡Mi hija, mi hija! — corrió ya desesperado hacia el fondo. Pero al pasar frente a la cocina vió en el piso° un mar de sangre. Empujó violentamente la puerta, entornada,° y lanzó un grito de horror.

Berta, que ya se había lanzado corriendo a su vez al oír el angustioso llamado del padre, oyó el grito y respondió con otro. Pero al precipitarse° en la cocina, Mazzini, lívido como la muerte, se interpuso, conteniéndola:

— ¡No entres! ¡No entres!

Berta alcanzó a ver el piso inundado de sangre. Sólo pudo echar sus brazos sobre la cabeza y hundirse a lo largo de él con un ronco suspiro.°

---

1. La sirvienta estaba en la cocina preparando una gallina para el almuerzo cuando notó que
   a. Bertita jugaba con sus hermanos.
   b. los idiotas la miraban.
   c. la familia salió para caminar por el barrio.
   d. Bertita se escapó de la casa.

2. Los idiotas en el patio no hicieron nada durante todo el día. De repente, empezaron a animarse porque
   a. la familia volvió de su paseo.
   b. vieron a Bertita que escalaba el cerco de ladrillos.
   c. la sirvienta les daba de comer.
   d. los vecinos les saludaron.

3. Los hijos avanzaron hacia el cerco porque
   a. querían ayudar a su hermana para que no se cayera.
   b. querían capturar a Bertita y matarla como la sirvienta había matado la gallina.
   c. querían escalar el cerco también.
   d. querían llamar a sus padres.

4. Al llegar a casa, Mazzini
   a. pudo ayudar a Bertita.
   b. vio a Bertita, en el suelo de la cocina, muerta.
   c. llamó a su esposa para que ella pudiera ver lo que había pasado.
   d. les gritó a los hijos violentamente.

Tercer paso:
Volvamos a leer

Vuelva Ud. al cuento y léalo por lo menos una vez más. Corrija las respuestas de las pruebas. Si hay errores, lea el trozo que malentendió hasta entenderlo.

▼
¿Comprendió Ud. la lectura?
▲

A **¿Cuánto recuerda Ud.?** Termine las frases según el contenido de la lectura. Trate de usar sus propias palabras.

1. Las cosas que estimulan actividad en los hijos son . . .

2. Para los padres, el nacimiento del primer hijo representa . . .

3. El médico dice que . . .

4. Al nacer Bertita, los padres . . . respecto a los hijos.

5. La noche de su cuarto cumpleaños, Bertita . . . porque . . .

6. Durante la disputa entre Berta y Mazzini, ella critica a Mazzini porque . . . y él la critica porque . . .

7. Durante la preparación de la gallina, la sirvienta nota que . . . y ella . . .

8. Durante la visita a los vecinos, Bertita se escapa porque . . .

9. Cuando los hijos ven a su hermana, ellos . . .

10. Al llegar a casa, Mazzini encuentra . . .

B **Prueba de vocabulario.** Usando las palabras de vocabulario siguientes, escriba frases que describan algo que pasó en el cuento. Es posible usar una palabra emparentada si quiere.

Modelo: los idiotas / el banco
*Los **idiotas** pasaban todo el día en el **banco**.*

1. la sirvienta / sacudir / idiotas

2. amanecer / la muerte de Bertita

3. Bertita / alcanzar / cresta del cerro

4. idiotas / arrastrar / cocina

5. Mazzini / culpar / Berta / cuidado

6. el idiotismo / herencia

Los niños imitan las acciones de los adultos. Compare este cuento con el del Capítulo 3, "Mamá y papá."

12 Algunas consideraciones sobre la salud

¡Preste atención!   Decida si las frases son verdaderas o falsas. Si son falsas, corríjalas.

1. El médico dijo que la causa de la enfermedad de los niños era la herencia materna.
2. Berta y Mazzini no trataron mal a sus hijos.
3. Bertita era una hija muy cortés y sabía que sus padres le establecían límites.
4. La única habilidad de los hijos era la de imitar cosas. Solamente imitaron el tranvía eléctrico.
5. Mazzini y Berta van a aceptar la muerte de Bertita y van a continuar su vida juntos.

Reaccionemos
▲▲▲▲▲▲▲▲▲▲

D **Analicemos el cuento.**   Formen Uds. grupos pequeños para hablar de estas ideas. Después, compartan sus ideas con las de la clase entera.

1. por qué los hijos no tienen nombres y por qué se llama Bertita la hija
2. quién tiene la responsabilidad de la muerte de Bertita
3. el deseo de Mazzini y Berta de culparse el uno al otro
4. las palabras que usa Quiroga para describir a los idiotas
5. por qué no expresa Quiroga en forma definitiva si era Mazzini o Berta quien causó la enfermedad de los hijos
6. el papel que hace la tragedia en el cuento

E **Solicitamos su opinión.**

1. ¿Son Berta y Mazzini buenos o malos padres?
2. ¿Por qué mucha gente quiere tener niños? Explique.
3. ¿Cuáles son las actitudes comunes hacia la enfermedad mental o hacia otras incapacidades físicas o mentales? ¿Cómo se pueden cambiar estas actitudes?
4. ¿Se sorprendió Ud. al fin del cuento? Explique.
5. ¿Recomienda Ud. que Mazzini y Berta traten de tener otros hijos? ¿Por qué sí o por qué no?
6. ¿Cree Ud. que la vida es diferente hoy en día para personas con incapacidades físicas o mentales? Piense en los programas de servicios sociales que hay en la actualidad.

F **Debate.** En el cuento "La gallina degollada", Quiroga hace unos comentarios respecto a la naturaleza humana. Consideren Uds. estas citas del cuento y luego, formen grupos. Un grupo debe defender las ideas siguientes y el otro debe criticarlas.

1. Hay una "imperiosa necesidad de culpar a los otros, que es patrimonio específico de los corazones inferiores."

2. ". . . si hay algo a que el hombre se siente arrastrado con cruel fruición es, cuando ya se comenzó, a humillar del todo a una persona."

G **Temas escritos**

1. Escriba Ud. la continuación del cuento. ¿Qué les pasa a Mazzini y Berta?

2. Ud. es periodista y tiene que escribir un artículo que narre lo que pasó en el cuento.

Respuestas a las pruebas

p. 151   1. F   2. F   3. V   4. V

p. 153   1. c   2. a   3. c   4. a

p. 155   1. F   2. F   3. F   4. V

p. 157   1. b   2. b   3. b   4. b

Glosario español-inglés

▲▲▲▲▲▲▲▲▲▲

A

abajo below, down
abierto(a) open
aborrecer to hate
abrigo *(m)* coat
abrir to open
abuelo(a) *(m, f)* grandfather (grandmother)
abundar to abound, to be plenty
aburrir to bore
   —se to become bored
acabar de to have just
acaecer to happen
accionar to put into action
acentuarse to emphasize, to accentuate
acera *(f)* sidewalk
acerca de about, concerning
acercar to approach
   —se a to approach
acertado(a) wise, well-chosen, correct 10
ácido(a) bitter, harsh
acierto *(m)* success, popularity 10
aclararse to clear
acomodar to adjust 3
acomodo *(m)* adjustment 3
aconsejar to advise, to give advice 6
acordarse *ue* to remember
acortar to shorten
acostar *ue* to put to bed
acostumbrarse a to accustom oneself to
actitud *(f)* attitude
actual current
actualidad *(f)* present time
actuar to act
acuerdo: estar de — to agree
adelante ahead, forward
adelgazamiento *(m)* weight loss 6
adelgazar to lose weight 6
además besides
adherirse a *ie* to adhere to
admitado(a) admitted
adónde where (to)
adquirido(a) acquired
afán *(m)* toil; enthusiasm 1
afanar to do one's utmost, to toil 1
afanosamente enthusiastically 1
afición *(f)* interest, liking, hobby 10
aficionado(a) a interested in, fan of 10

aficionado(a) a *(m, f)* fan, enthusiast 10
afortunado(a) fortunate
afuera outside 11
afueras *(f pl)* outskirts, suburbs 11
agencia de viaje *(f)* travel agency
agradable agreeable, nice
agradar to please
agrupar to gather together
   —se to group together
ahorrado(a) saved 11
ahorrar to save (money) 11
ahorros *(m pl)* savings 11
airado(a) furious, angry 1
aire *(f)* air
   al — libre outdoors
ajuste *(m)* adjustment
al upon, when
alambre *(m)* (barbed) wire
alcance *(m)* reach 12
alcanzar to reach (goal), to achieve; to manage 12
alegrar to please, to make happy
alegría *(f)* happiness
alejar to move away
   —se to move away from, to distance 8
Alemania *(f)* Germany
alguien someone
alimentación *(f)* food, nourishment
alimento *(m)* food, nourishment
alma *(f)* soul 8
almacén *(m)* department store
almorzar *ue* to have lunch
almuerzo *(m)* lunch
alquilado(a) rented 11
alquiler *(m)* rent 11
alrededor de around
alzado(a) raised, lifted 12
alzar to lift, to raise 12
allá there
allí there, here
ama de casa *(f)* housewife
amable friendly
amado(a) loved
amanecer *(m)* dawn, sunrise 12
amar to love
amargo(a) bitter 12
amargura *(f)* bitterness 12
amarillo(a) yellow

ambiente *(m)* atmosphere
amistad *(f)* friendship
amo(a) *(m, f)* master
amoroso(a) romantic
amplio(a) full, wide
ancho(a) wide 5
andar to walk; to run
animación *(f)* animation, excitement 1
animado(a) excited, animated 1
animar to animate, to excite 1
   —se to become lively
anotar to note, to write down
antebrazo *(m)* forearm
antecedente *(m)* ancestor, predecessor
anteojos *(m pl)* glasses
anunciar to announce
anuncio *(m)* advertisement, announcement
   — comercial *(m)* advertisement
apagado(a) extinguished; lifeless 12
apagar to shut off, to extinguish 12
aparecer to appear
apellido *(m)* last name
aplicar to apply (glue); to apply for
apoyar to support (morally)
apretado(a) squeezed; snug, tight 8
apretar *ie* to squeeze 8
apretón *(m)* squeeze 8
apurado(a) rushed, hurried 3
apurarse to be in a hurry 3
apuro *(m)* haste, rush 3
aquello (aquel, aquella) that (over there)
arar to plough
árbol *(m)* tree
ardientemente ardently, passionately
argumento *(m)* plot; argument; story
armar to arm
arrancado(a) pulled, grabbed 12
arrancar to start (engine); to pull up; to grab 12
arrastrado(a) dragged, pulled 12
arrastrar to drag, to pull 12
arreglar to arrange; to fix
artesanal artistic
ascendiente *(m, f)* ancestor
asegurar to assure
asemejarse a to look like
así thus, like that
asimismo(a) likewise, also
asistencia *(f)* attendance 2
asistente *(m, f)* assistant
asistir a to attend 2

162
▲

asno *(m)* ass, donkey

asombrado(a) surprised 2

asombrar to surprise 2

asombro *(m)* surprise 2

astucia *(f)* cleverness, cunning

astuto(a) clever

asunto *(m)* matter, issue; subject 2

asustado(a) frightened, scared 3

asustarse to be frightened 3

atender a *ie* to assist; to attend to; to take care of 6

atendido(a) attended, waited on

aterrizar to land

atrás backward, back

atropello *(m)* beating

atroz atrocious

auditivo(a) auditory, dealing with hearing

aumentar to increase

aun even

aún even still

aunque although

ausencia *(f)* absence

averiguado(a) verified 11

averiguar to find out, to verify 11

avión *(m)* plane

ayuda *(f)* help, aid 1

ayudante *(m, f)* helper, assistant 1

ayudar to help 1

azúcar *(m)* sugar

B

bajar to set (sun); to lower; to get off

banco *(m)* bench; bank 12

barato(a) inexpensive, cheap 11

barbaridad: ¡qué —! how awful!

barquillo *(m)* rolled wafer

barrio *(m)* neighborhood

barro *(m)* mud, dirt 5

basado(a) based

bastante quite, rather, enough

bastar to be enough

belleza *(f)* beauty

bello(a) beautiful

bendecido(a) blessed

besar to kiss 8

beso *(m)* kiss 8

bienes materiales *(m pl)* material goods, property

bienestar *(m)* well-being; welfare

blanco(a) white

boca *(f)* mouth

bocadillo *(m)* sandwich

bolsillo *(m)* pocket

botella *(f)* bottle

brazo *(m)* arm

broma *(f)* joke, trick, ruse 9

en — jokingly, in jest 9

¡Buen viaje! Bon voyage!

burlarse de to make fun of

búsqueda *(f)* search

C

cabeza *(f)* head

cada each, every

caer to fall

—se to fall off (down)

caído(a) fallen

caja *(f)* box

cajón *(m)* container

caliente hot, warm

calmar to calm

callado(a) quiet, silent 3

callarse to be quiet, to shut up 3

calle *(f)* street

cama *(f)* bed

camarero(a) *(m, f)* waiter (waitress)

cambiar to change

cambio; en — on the other hand

caminar to walk

camino *(m)* walk, path, trail

camisa *(f)* shirt

campo *(m)* countryside, camp

canalla *(m)* swine, nasty person

canallada *(f)* dirty trick

cansado(a) tired 4

cansancio *(m)* fatigue 4

cansarse to get tired 4

cantidad *(f)* quantity

capaz capable

cara *(f)* face

carácter *(m)* character, personality 10

¡caramba! darn!, wow!

carcajadas: a — bursting with laughter

carga *(f)* responsibility

caricia *(f)* caress; affection

cariño *(m)* caring, tenderness

carne *(f)* meat

caro(a) expensive

carraspear to clear one's throat 9

carraspera *(f)* clearing one's throat 9

casado(a) married

casarse to get married

casi almost

castigo *(m)* punishment

casualidad *(f)* chance, luck

¡qué —! what a coincidence!

cédula de identidad *(f)* identification card

celos *(m, pl)* jealousy 3

tener — to be jealous

celoso(a) jealous, envious

cena *(f)* dinner

ceniciento(a) ashen 4

ceniza *(f)* ash 4

censura *(f)* censorship

cerrado(a) closed

cíclope *(m)* cyclops

cielo *(m)* sky, heaven

cigarrillo *(m)* cigarette

cita *(f)* date, appointment; quote

ciudad *(f)* city

ciudadano(a) *(m, f)* citizen

claro of course

claro(a) clear, light

claroscuro *(m)* contrast

clase media *(f)* middle class

clasemediano(a) middle class

clave *(f)* key; important point

cobrar to get; to gain; to charge

cocina *(f)* kitchen 3

cocinar to cook 3

cocinero(a) *(m, f)* cook, chef 3

código *(m)* code 9

coger to grasp, to catch; to pick 8

cogido(a) grasped, caught; gathered 8

cola *(f)* line; tail

colegio *(m)* high school

colgado(a) hung, hanging 4

colgante hanging; motionless, limp

colgar *ue* to hang 4

— el teléfono to hang up the phone

colocar to put, to place

comer to eat 6

comida *(f)* meal; food 6

comienzo *(m)* beginning

como like, as

— si as if

cómo how

compañerismo *(m)* companionship

compartir to share

complacer to please

comportamiento *(m)* behavior

comportarse to behave

computadora *(f)* computer

común common

comunidad *(f)* community

conciencia *(f)* conscience

confiar en to trust

congregar to assemble

conmovedor(a) moving, touching 10

conmover *ue* to move, to touch (emotion) 10

conocer to know (person/place), to be familiar with; to meet 2

conocido(a) known
conocido(a) *(m, f)* acquaintance 2
conocimiento *(m)* knowledge 2
conquista *(f)* conquest
conquistado(a) conquered
consecuencia: a — de resulting in
conseguir *i* to get, to obtain
consejero(a) *(m, f)* advisor, counselor 6
consejo *(m)* piece of advice 6
consejos *(m pl)* advice
consigo with oneself
consulta *(f)* office
contar *ue* to tell, to narrate; to count 7
contar con *ue* to be equipped with; to count on, to rely on 1
contenido *(m)* contents
contrario: al — on the other hand
contribuir to contribute
controversia *(f)* controversy, dispute 7
controvertido(a) controversial 7
convencer to convince
—se to convince oneself
convertirse en *ie* to become, to convert into
coraje *(m)* courage
corazón *(m)* heart
corregir *i* to correct
correr to run
correspondencia *(f)* mail, correspondence
cortar to cut
cortés polite
cortina *(f)* curtain
corto(a) short
coser to sew 3
costumbre *(f)* custom
cotidianeidad *(f)* daily life 10
creador(a) *(m, f)* creator
crear to create
crecer to grow 8
creciente growing 8
creencia *(f)* belief
criado(a) *(m, f)* maid, servant
criatura *(f)* creature, baby
cruzar to cross
cuadra *(f)* (city) block; square
cuadro *(m)* city block; painting
cuál which
cualidad *(f)* quality
cualquier(a) whichever, any old
cuándo when
cuanto: en — a regarding
cuarto *(m)* room
cubierto(a) covered

cuenta *(f)* bill, account 7
cuento *(m)* story 7
cuerpo *(m)* body
cuestión *(f)* question, matter, issue 6
cuidado *(m)* care, well-being 12
tener — con to be careful with
cuidadosamente carefully
cuidadoso(a) careful 12
cuidar(a) to care (for)
—se to take care of oneself
culpa *(f)* blame, fault 12
culpable blamed, guilty 12
culpar to blame 12
cumplido(a) fulfilled
cumplir to fulfill, to become . . . years old
curar to cure
cuyo(a) whose

CH

charlar to chat
chepa *(f)* hunchback
chileno(a) Chilean
chiste *(m)* joke, prank 9
chocar contra to bump into, to crash into
choque *(m)* shock

D

dado(a) given
dañino(a) harmful
dar to give
— un paseo to take a walk, to stroll 2
— una vuelta to take a walk, to stroll 2
—le de comer to feed
—se cuenta de to realize, to understand 8
—se la mano to shake hands
dato *(m)* fact
datos *(m pl)* scientific data; statistical facts 6
debajo de underneath
debilidad *(f)* weakness
decorado *(m)* scenery, decoration
deglutir to swallow
dejar to leave (behind); to allow, to permit
— de to stop, to quit
— de + *inf.* to stop + *ing* 8
delante de in front of
delgado(a) thin 6
demás; lo — the rest 6
demasiado too
demasiado(a) too, too much
dentro de inside, within
depender (de) to depend on
dependiente *(m, f)* clerk

deportivo(a) concerning sports
deprimido(a) depressed
derecha *(f)* right; conservative party 9
derechista *(m, f)* conservative, right-wing 9
derecho: tener — to have the right
derramado(a) scattered about, spilled 5
derramar to spill 5
desagradable unpleasant, disagreeable
desagradar to displease
desaparecer to disappear
desarrollado(a) developed
desarrollar to develop
desarrollo *(m)* development
desastroso(a) disastrous
desayuno *(m)* breakfast
descansado(a) rested, relaxed 5
descansar to rest, to relax 5
descanso *(m)* rest, relaxation 5
descaro *(m)* impudence; nerve 1
descenso *(m)* descent
descomponer to undo
descontar *ue* to discount, to mark down 11
descuento *(m)* discount 11
descifrar to decipher
desde from
— que since
desdeñable insignificant, negligible
deseado(a) desired
desengañado(a) disillusioned, deceived 7
desengañado(a) *(m, f)* deceived person; enlightened person
desengañar to enlighten; to disillusion 7
desgracia *(f)* misfortune; disgrace 4
desgraciadamente unfortunately 4
desgraciado(a) unfortunate, unlucky 4
desgraciado(a) *(m, f)* unfortunate person 4
desierto *(m)* desert
deslizarse to slip by, to pass by
desolado(a) desolate; despairing
despacio slowly
despedir *i* to fire
—se de to say good-bye
despertarse *ie* to wake up
destino *(m)* destination
destruir to destroy
desválido(a) unkempt, unclean
desvelar to keep awake
desventaja *(f)* disadvantage
detalle *(m)* detail
detener to arrest, to detain
—se to stop oneself
detrás de behind
devolver *ue* to return (something)
diablo *(m)* devil
diario(a) daily

diario *(m)* daily paper
dibujo *(m)* drawing, sketch
dictadura *(f)* dictatorship
dicha *(f)* happiness 3
dichoso(a) happy 3
diente *(m)* tooth
dieta:
  — **relámpago** *(f)* crash diet
  estar a — to be on a diet
diferirse de *ie* to differ from
digestión *(f)* digestion
digno(a) dignified, worthy
Dinamarca *(f)* Denmark
dinero en efectivo *(m)* cash
Dios God
dirección *(f)* direction; address
discurso *(m)* speech
diseñar to design
disfrazado(a) masked, disguised
disposición *(f)* disposition
distinto(a) different; distinct
diversión *(f)* diversion, hobby; fun 10
divertido(a) fun, amusing 10
divertirse *ie* to have a good time 10
doblar to double; to turn
doler *ue* to hurt 9
dolor *(m)* hurt, pain, ache 9
dolorido(a) painful, hurting, aching 9
dónde where
duda *(f)* doubt
dudar to doubt
dueño(a) *(m, f)* owner; chaperone
durante during
durar to last
dureza *(f)* hardness; harshness 1
duro(a) hard, tough 1

E
echado(a) thrown 5, 12
echar to throw (violently) 12
  —**se** to throw oneself into 5
edad *(f)* age
educación *(f)* upbringing; good
  manners 10
educado(a) well mannered; well brought
  up 10
educarse to be brought up 10
efectivamente really, truly
ejecutar to execute
ejemplar *(m)* copy, issue
ejercicio *(m)* exercise
ejército *(m)* army
elegir *i* to elect
ello that (idea)

embromar to joke, to trick; to deceive 9
emparentado(a) related
emplear to employ; to use
empleo *(m)* job
emprender to begin (an undertaking)
empujar to push
enamorado(a) in love
enano *(m)* dwarf
encantador(a) delightful, enchanting
encantar to delight
encanto *(m)* delight, enchantment
encargado(a) in charge of
encargarse de to put oneself in charge of
encender *ie* to ignite, to spark 8
encendido(a) turned on; sparked 8
encima de on top of
encontrar *ue* to find
  —**se** to meet, to bump into
enfermedad *(f)* illness
enfermo(a) ill, sick
enfrente across, in front of
engaño *(m)* trick, deceit
engordar to gain weight 6
enloquecer to go crazy
enojado(a) angry
enojar to anger
  —**se** to get angry
enojo *(m)* anger
ensayo *(m)* essay
enseñar to teach, to point out
ensuciarse to stain one's reputation 9
entender *ie* to understand
entendimiento *(m)* understanding
entero(a) entire
entonces then
entrada *(f)* ticket; entrance; main course
entretanto meanwhile
entretener *ie* to entertain 11
entretenido(a) entertaining, amusing 11
entretenimiento *(m)* entertainment 11
entrevista *(f)* interview
entusiasta de *(m, f)* fan, enthusiast of
envidioso(a) jealous
época *(f)* epoch; period of time
equivocación *(f)* mistake, error 7
equivocado(a) mistaken, wrong 7
equivocarse to make a mistake 7
esbelta svelte, slender
escalar to climb, to scale
escalofrío *(m)* chill
escena *(f)* scene
escenario *(m)* setting, scene
escoger to choose, to select 8
escogido(a) chosen, selected 8

esconder to hide
escrito(a) written
esfuerzo *(m)* attempt, effort
espacio *(m)* space
espalda *(f)* back (of a person) 5
espantar to frighten 4
espanto *(m)* fear, fright 4
espantoso(a) frightening 4
espectáculo *(m)* show, entertainment
espectador(a) *(m, f)* spectator
espejo *(m)* mirror 4
esperadamente hopefully
esperanza *(f)* hope
esperar to wait for; to hope
espía *(m, f)* spy 9
espionaje *(m)* espionage 9
espíritu *(m)* spirit
esquina *(f)* corner
establecer to establish
establecimiento *(m)* establishment
estado *(m)* state
estadounidense *(m, f)* United States citizen
estampa *(f)* stamp; vignette
estar to be
estatura *(f)* height
estilo *(m)* style
estorbar to hinder, to impede 1
estorbo *(m)* obstacle; bother 1
estrechar to stretch out; to squeeze
estrecho(a) narrow
estrés *(m)* stress
evitable avoidable
evitar to avoid
evocar to evoke
exasperar to exasperate
éxito *(m)* success
  tener — to be successful
experimentar to experience
extendido(a) widespread
extranjero(a) *(m, f)* foreigner 2
extraño(a) strange

F
facultad *(f)* facility, ability; school, division of a
  university
falta *(f)* lack
faltar to be lacking, to need
fallar to lack; to fail
fama *(f)* fame
familiar familiar; having to do with family
fastidioso(a) bothersome
favor de + *inf.* please + *inf.*
felicidad *(f)* happiness
feliz happy
fiebre *(f)* fever

fijar to secure; to fix; to set 3
   —se to notice; to settle; to look 3
fijo(a) fixed, focused, set 3
fila *(f)* line (of people) 8
fingido(a) imaginary, pretend 3
fingir to pretend 3
fisgador(a) prying, snooping 10
fisgar to snoop, to pry 10
fisgón(ona) snooping 10
flojear to slacken, to ease up 3
flojo(a) loose, limp; weak; lazy 3
flor *(f)* flower
fondo *(m)* depth; back section
forastero(a) *(m, f)* out-of-towner,
   stranger
fracasar to fail 6, 12
fracaso *(m)* failure, disaster 6, 12
francamente frankly
frasco *(m)* small bottle
frente *(m)* forehead
frente a facing, in front of
fresco: hace — it's chilly
frescura *(f)* freshness
fuera de outside of 11
fuerte strong
fuerza *(f)* force
   — de voluntad *(f)* willpower
fumar to smoke
función *(f)* function 6
funcionar to work (as in machinery) 6

G

gana *(f)* desire
ganar to win; to earn
   —se la vida to earn a living
garganta *(f)* throat
gastar to spend (money) 11
gasto *(m)* expense 11
genio *(m)* genius
   ¡qué **—** ! what a temperament!
gente *(f)* people
glutinoso(a) gluttonous
gobierno *(m)* government
golosina *(f)* sweet, treat
golpe *(m)* hit, blow, punch 3
golpear to hit, to strike, to punch 3
gordo(a) fat, overweight 6
gordura *(f)* fat 6
gozar de to enjoy
gracioso(a) gracious; funny, amusing
grado *(m)* degree, level
grave serious
griego(a) Greek
grita *(f)* scream, shout

gritar to scream, to shout 1
gritería *(f)* shouting; outcry 1
grito *(m)* scream, shout 1
grosero(a) coarse, crude, ill-mannered
guante *(m)* glove
guardar to keep; to guard
guía *(m, f)* guide (person) 11;
   (f) guidebook 11
guiar to guide 11
guión *(m)* script 10
guionista *(m, f)* screenwriter,
   scriptwriter 10

H

habilidad *(f)* ability
habla *(f)* speech
hablante *(m, f)* speaker
hacerse daño to hurt oneself
hacia toward
hambre *(f)* hunger
harto(a) de fed up with
   estar — de to be fed up with
hasta until, up to
   — que until
hay que one must
hecho(a) made
hecho *(m)* fact
   de — in fact
heredar to inherit 12
herencia *(f)* heredity, heritage;
   inheritance 12
herida *(f)* wound 5
herido(a) wounded, hurt 5
herir *ie* to wound, to hurt 5
hermoso(a) beautiful, handsome
héroe de tebeo *(m)* comic-book hero
heroicidad *(f)* heroism
hiperbólico(a) exaggerated
historia *(f)* history; story
hoja *(f)* leaf
hoy en día nowadays
huelga *(f)* strike, protest 1
   estar en — to go on strike 1
huelguista *(m, f)* protester, striker 1
hueso *(m)* bone 4
huida *(f)* flight, fleeing 7
huido(a) fled 7
huir to flee 7
húmedo: está — it's humid
hundirse to sink

I

idear to think up
igual equal, same

al — que as well as
imagen *(f)* image
imbécil *(m)* imbecile
importar to matter, to be important
inaugurar to begin, to inaugurate
incapacidad *(f)* inability
incluir to include
incluso including
incluso(a) included
inconfundible unmistakable
indignarse to get indignant
indiscutiblemente indisputably
inesperado(a) unexpected
infeliz unhappy
infernal hellish, infernal 7
infierno *(m)* hell, underworld 7
influir en to influence
ingerir *ie* to ingest
iniciar to begin, to initiate
innegable undeniable 2
inquieto(a) uneasy
inseguro(a) insecure
instrucción *(f)* education
interponerse to get between
interpretar to play (a role)
intervenido(a) tapped; intercepted 9
intervenir to tap; to intervene 9
intricado(a) intricate, complex
invierno *(m)* winter
ir to go
   — de compras to go shopping
   —se to leave
isla *(f)* island
izquierda *(f)* left; liberal party 9
izquierdista *(m, f)* liberal, left-wing 9

J

jamás ever; never
jardín *(m)* garden 4
jovialidad *(f)* cheerfulness
jugar a la gente grande to play grown-up
juguete *(m)* toy
juntar to join
junto(a) together
junto a next to
justificar to justify
juventud *(f)* youth
juzgar to judge

L

labio *(m)* lip
laboral concerning labor
labrador(a) *(m, f)* worker, laborer, farmer 5
labranza *(f)* toil, labor 5
labrar to work (outside), to toil 5

lado *(m)* side
  a todos —s on all sides
lágrima *(f)* tear
lanzar to throw, to launch; to release, to let out
largo(a) long
  a lo — de along
lástima *(f)* pity
lavar to wash
leal loyal
lealtad *(f)* loyalty
lector(a) *(m, f)* reader
lectura *(f)* reading
leche *(f)* milk
legumbre *(f)* vegetable
lejano(a) far off, distant 8
lejos (de) far (from) 8
lengua *(f)* tongue; language
lentamente slowly
lento(a) slow
letrero *(m)* sign
levantar to lift, to raise
  —se to get up
libre free
lidia *(f)* fight, battle 1
lidiador(a) *(m, f)* fighter 1
lidiar to battle; to debate 1
ligero lightly; swiftly
ligero(a) light
limpiar to clean
limpieza *(f)* cleaning, cleanliness
limpio(a) clean
lindo(a) pretty
línea *(f)* line; phone line
listo(a) clever; ready
lo + *adj (adv)* the . . . part (thing)
  — demás the rest
  — mismo da it's the same thing 3
lograr to achieve
Londres London
lucha *(f)* battle, fight 7
luchador(a) *(m, f)* fighter 7
luchar to fight, to battle 7
lugar *(m)* place
  tener — to take place
  en — de in place of
lujo *(m)* luxury
luna *(f)* moon
luz *(f)* light

LL
llamado(a) so-called
llamarada *(f)* call
llegar to arrive

llenar to fill 8
  —se to fill out
lleno(a) full 8
llevar to carry, to bring
  — una vida to live a life
  —se to take away, to carry away
llorar to cry
llover *ue* to rain
lluvia *(f)* rain

M
madrileño(a) *(m, f)* person from Madrid
madrugada *(f)* dawn 5
madrugador(a) early-rising 5
madrugar to get up early 5
madurez *(f)* maturity
maduro(a) mature; ripe
mal *(m)* evil, bad thing
maldecir *i* to curse, to swear 2
maldito(a) damned, cursed 2
malentender *ie* to misunderstand
maleta *(f)* suitcase
manejar to handle; to drive
manera *(f)* way, means
  de tal — in such a way
manipulador(a) *(m, f)* puppeteer
manoplas *(f pl)* mittens
mantener to maintain; to support
mantenimiento *(m)* maintenance
mañana *(f)* morning; tomorrow
mañanero(a) of the morning
mar *(m)* sea
marcar to mark
marcha *(f)* march; departure; walking 2
marchar to walk away
  —se to leave, to walk away 2
más bien rather
masa *(f)* mass (quantity)
matar to kill
matrimonio *(m)* marriage; married couple
mayor older
medicamento *(m)* medicine
medio(a) half
medio *(m)* means
  — de difusión *(m)* media
  — de transporte *(m)* means of transportation
meditar to think about, to meditate
mejorar to better, to improve
mellizo *(m)* twin
memoria *(f)* remembrance
menor younger
mensaje *(m)* message

mentira *(f)* lie
menudo: a — often
mercadería(s) *(f)* goods, merchandise
mercado *(m)* market 4
merecer to deserve
metáfora *(f)* metaphor
meter to put, to place
metro *(m)* subway
mezcla *(f)* mixture, mix 7
mezclar to mix 7
miedo *(m)* fear
  tener — to be afraid
miembro(a) *(m, f)* member; *(m)* body part
mientras while
mierda *(f)* shit
mil thousand
milagroso(a) miraculous
mío(a) mine, of mine
mirada *(f)* look
misa *(f)* mass
mismo(a) same
mitad *(f)* half
moda *(f)* fashion
modales *(m pl)* manners, behavior 10
modelo *(m, f)* model (fashion); *(m)* manner; model
modo: de tal — in such a way
mojado(a) wet
molestar to bother, to annoy
montar to climb, to mount
montevideano(a) of Montivideo, Uruguay
montón *(m)* mountain
morir *ue* to die 4
mudar to break through
mueble *(m)* piece of furniture
muerte *(f)* death 4
muerto(a) dead 4
  — de hambre dying of hunger
mundial worldly; worldwide
mundo *(m)* world
muñeco *(m)* puppet
mutuo(a) mutual

N
nacer to be born
nacido(a) born
nacimiento *(m)* birth
nariz *(f)* nose
  en mis narices right under my nose
narrar to narrate
naturaleza *(f)* nature
negado(a) denied, refused 2
negar *ie* to deny; to refuse 2

negocio *(m)* business
nene *(m)* baby
ni siquiera not even
niebla *(f)* fog, mist
ninguna parte nowhere
nivel *(m)* level
nombre *(m)* name
Noruega *(f)* Norway
novela *(f)* novel
novio(a) *(m, f)* boyfriend (girlfriend)
nube *(f)* cloud

O

obra *(f)* work (of art) 7
obrar to work (create) 7
obtener to obtain
ocultación *(f)* hiding 7
ocultado(a) hidden
ocultar to hide 7
oculto(a) hidden 7
ocupado(a) busy
ocupar to occupy, to busy
]odiar to hate 4
odio *(m)* hatred 4
odioso(a) hated, dreaded 4
oficina de correos *(f)* post office
ofrecer to offer
oído *(m)* inner ear
ojalá may Allah grant; I hope . . .
ojo *(m)* eye
oler *ue* to smell 5
olfato(a) dealing with smell
oliente smelly, odorous 5
olor *(m)* odor, smell 5
olvidar to forget
    —se de to forget
ombligo *(m)* navel
oreja *(f)* outer ear
orgullo *(m)* pride
orgulloso(a) proud
orilla *(f)* riverbank
oscurecer to get dark
oscuridad *(f)* darkness
otoño *(m)* autumn

P

padrastro *(m)* stepfather
pagar to pay for
página *(f)* page
país *(m)* country, nation
pájaro *(m)* bird
palabra *(f)* word
palo *(m)* stick
pantalla *(f)* (television) screen 10

papel *(m)* paper; role 1
    hacer un — to play a role
papeleo *(m)* paperwork 1
papelera *(f)* wastebasket 1
paquete *(m)* package
parado(a) stopped 8
parador *(m)* small inn
paraguas *(m)* umbrella
parar to stop 8
    —se to stop oneself
parecer to seem, to appear
    —se a to resemble, to look like
pared *(f)* wall
paréntesis: en un — as an aside
pariente *(m, f)* relative
párrafo *(m)* paragraph
partir: a — de starting from
pasado(a) past
pasar to pass by, to stop by; to happen; to
    spend (time)
pasatiempo *(m)* pastime
pasear to take a walk
    —se to take a walk, to stroll
paseo *(m)* pass, step, walk
paso *(m)* step
patria *(f)* homeland
patrimonio *(m)* heritage
paz *(f)* peace
PCE Spanish Communist Party
pedazo *(m)* piece
pedir prestado(a) *i* to borrow 1
pegado(a) stuck on, hung
pegar to hit; to paste (on a wall); to
    strike 9
peinar to comb
peligroso(a) dangerous
pelo *(m)* hair
peluquería *(f)* beauty salon
pena *(f)* emotional pain; hardship; pain 4
penado(a) pained, hurt 4
pendiente hanging, pending
péndulo *(m)* pendulum
pensamiento *(m)* thought
pensar *ie* to think
    — + *inf* to plan on, to intend to 2
    — de to think of
    — en to think about
pensión *(f)* rooming house
peor worse, worst
perder *ie* to lose 6
pérdida *(f)* loss; waste 6
perdido(a) lost 6
perdido *(m)* loss
periodismo *(m)* journalism

periodista *(m, f)* journalist
permanecer to stay, to remain
permiso *(m)* permission; permit
perseguir *i* to pursue
personaje *(m)* (fictional) character 7
personificación *(f)* personification
pertenecer to belong
pesado(a) heavy; boring 6
pesar to weigh 6
    a — de despite
peso *(m)* weight 6
picado(a) punctured
picana *(f)* electric prod
pie *(m)* foot
    al — de at the foot of·
piedra *(f)* stone, rock
pierna *(f)* leg
píldora *(f)* pill, tablet
pintar to paint
pisar el acelerador to step on the gas
piso *(m)* floor (level)
pizarra *(f)* blackboard
placer *(m)* pleasure
plácido(a) placid
plantear to create
pleno(a) full
pluma *(f)* feather
población *(f)* population
poder (m) power
poeta *(m)* poet
poetiza *(f)* poetess
polvo *(m)* dust 5
polvoriento(a) dusty 5
poner to put, to place
    — de relieve to emphasize, to underline
    —se to become; to put oneself
por:
    — eso therefore
    — fin finally
    — otra parte on the other hand
    — qué why
    — un lado on one side
portero(a) *(m, f)* doorperson
porvenir *(m)* future 12
posponer to postpone
precio *(m)* cost
precisamente precisely
predecir *i* to predict
pregunta *(f)* question, request
prender to arrest, to apprehend 9
prendido(a) arrested, taken 9
prendimiento *(m)* arrest, detainment 9
preocupar to worry
presentarse to appear; to present oneself
presentimiento *(m)* feeling, intuition

presión *(f)* pressure
prestado(a) lent; borrowed 1
préstamo *(m)* loan 1
prestar to lend 1
  — atención to pay attention
presto quickly; ready
presumir to presume
presupuesto *(m)* budget 11
pretender to try to, to intend
primavera *(f)* spring
principio *(m)* principle; beginning
  al — at the beginning
prisa: tener — to be in a hurry
privado(a) private
profundo(a) deep; profound
promover *ue* to promote
pronto soon
propicio(a) favorable 10
propina *(f)* tip, gratuity 11
propio(a) own
proponer to propose, to suggest 2
proposición *(f)* proposition, suggestion 2
propósito *(m)* purpose, intention, objective 2
  a — on purpose
propuesto(a) proposed, suggested
protagonista *(m, f)* main character
protagonizado(a) acted out, played
provenir to come from, to originate in
próximo(a) next
proyectar to show (movie)
proyecto *(m)* project
prueba *(f)* quiz, test; trial
pueblo *(m)* town
puesto *(m)* job, position 1
pulmón *(m)* lung
punta de pie *(f)* tip of toe
punto:
  a — de at the point of
  — de vista *(m)* point of view
puño *(m)* fist
puteado(a) dirty-mouthed

Q

qué what
quedado(a) remaining 11
quedar to remain, to be left
  — en to agree on
  —se to stay, to remain; to be located 11
  —le a alguien to be left
  —le bien (mal) to fit well (badly)
  —se sin to run out of
queja *(f)* complaint 3
quejarse de to complain 3

quién who
quitar to remove, to take off
quizá(s) perhaps, maybe

R

radicar de to stem from, to come from
raíz *(m)* stem, root
rama *(f)* branch (of a tree)
raro(a) strange
rato *(m)* short period of time
raza *(f)* race; heritage
razón: tener — to be right
razonable reasonable
realizado(a) directed 10
realizador(a) *(m, f)* (movie) director 10
realizar to accomplish, to achieve; to make; to carry out 10
recado *(m)* errand
recalentar *ie* to overheat
recelar to suspect, to distrust 7
receloso(a) suspicious 7
reclamación *(f)* claim
reclamar to demand
recobrar to recover
recoger to pick up, to gather
recompensar to pay back
reconocer to recognize
reconocido(a) recognized
recordar *ue* to remember 11
recuerdo *(m)* remembrance; souvenir
recuerdos *(m pl)* memories; souvenirs 11
rechazado(a) refused
reencender *ie* to reignite
reflejo *(m)* reflection
refrán *(m)* refrain; proverb, saying
refugiarse to seek refuge
regla *(f)* rule
regresar to return
reinar to rule, to reign
reírse *i* to laugh
relajado(a) relaxed
relampaguear to (thunder) storm
relato *(m)* tale, account
relevar en to relieve, to take over 5
relevo *(m)* relief, taking over 5
remedio *(m)* remedy
remordimiento *(m)* remorse
renovado(a) renewed
repente: de — suddenly
requerimiento *(m)* requirement
requerir *ie* to require
requisito(a) required
resentimiento *(m)* resentment
resentir *ie* to resent

reseña *(f)* review, critique
resolver *ue* to resolve, to solve
respecto a regarding, concerning
respuesta *(f)* answer
resumen *(m)* summary
resumir to sum up, to summarize
reunión *(f)* meeting
rico(a) rich; delicious
riesgo *(m)* risk
río *(m)* river
risa *(f)* laughter
rodeado(a) surrounded
rodilla *(f)* knee
rodillazo *(m)* hitting with a knee
rollo para fotografías *(m)* film
romper to break
ropa *(f)* clothes
rostro *(m)* face
  en pleno — right in the face
rudo(a) coarse, rough; difficult
rueda *(f)* wheel
ruido *(m)* noise 9
ruidoso(a) noisy, loud 9

S

saber to know, to know how
sacar to remove, to take out
sacudido(a) shaken 12
sacudir to shake 12
sala *(f)* room, living room
salida *(f)* exit; departure
salir to leave; to go out
saltar to jump; to skip
salud *(f)* health 6
saludable healthy 6
saludar to greet
sangre *(f)* blood
sano(a) healthy
santidad *(f)* sanctity
sastrería *(f)* tailor shop
secarse to dry
seco(a) dry
sedentario(a) sitting down
seguida: en — immediately
seguido(a) followed
seguir *i* to continue; to follow
según according to
seguro(a) sure
selva *(f)* jungle
sembrado(a) sown, planted 5
sembrar *ie* to sow, to plant 5
semejanza *(f)* similarity
semilla *(f)* seed 5
sensibilidad *(f)* sensitivity

sentado(a) seated
sentar *ie* to seat
sentido *(m)* feeling, sense
sentimiento *(m)* feeling
sentir *ie* to feel
   —se to feel
siguiente following
silla *(f)* chair
símil *(m)* simile
sin without
   — embargo nevertheless, however
sinécdoque *(m)* synecdoche
sino but, but rather
sitio *(m)* place
situar to place
sobrado(a) plenty of 2
sobras *(f pl)* leftovers 2
sobre about, on, concerning
   — todo above all
sobresaliente outstanding
sobrevenir to be born
sobrevivir to survive
soledad *(f)* solitude 7
soler *ue* + *inf* to usually + *verb*, to tend
   to 10
solicitado(a) requested, applied for 2
solicitar to apply for 2
solicitud *(f)* application 2
sólido(a) solid
solo(a) alone 7
sólo only
soltar *ue* to free, to release
soltero(a) *(m, f)* single person 10
solvencia *(f)* solvency; content
sombra *(f)* shadow 4
sombrear to shade, to cast a shadow 4
sonar *ue* to sound; to ring
sonreír *i* to smile
sonrisa *(f)* smile
soñado(a) dreamed, desired 11
soñar *ue* (con) to dream about 11
sorprenderse to be surprised
sorprendido(a) surprised
sorpresa *(f)* surprise
sospechoso(a) suspicious
sostener to maintain, to support; to endure
suceder to happen 4
sucedido: lo — what happened 4
suceso *(m)* event, happening 4
suciedad *(f)* filth, dirt 9
sucio(a) dirty; corrupt, dishonest 9
sudar to sweat
sudor *(m)* sweat
Suecia *(f)* Sweden

suegro(a) *(m, f)* father (mother)-in-law
sueldo *(m)* salary 1
suelo *(m)* floor, ground
sueño *(m)* dream 11
suerte *(f)* luck
sufrimiento *(m)* suffering
sufrir to suffer
suicidarse to commit suicide
Suiza *(f)* Switzerland
sujetarse to subject oneself
suponer to suppose
surco *(m)* furrow
suspender to suspend
sustituirse con to be substituted with
susto *(m)* fear, fright 3
suyo(a) his, hers, yours, theirs

T

tal such
   — vez maybe
tampoco neither
tan so
tanto(a) so, so much
tapa *(f)* hors d'oeuvre, snack
tardanza *(f)* tardiness, delay 2
tardar en to be late, to delay 2
tarde late, tardy 2
tarea *(f)* task, assignment; homework
telediario *(m)* television news
telenovela *(f)* television soap opera
teleñeco *(m)* television puppet
telespectador(a) *(m, f)* television viewer
televidente *(m, f)* television viewer
tema *(m)* theme
temprano early
tener que ver con to have to do with 3
tensión nerviosa *(f)* stress
tentación *(f)* temptation 8
tentado(a) tempted 8
tentar *ie* to tempt 8
tercero(a) third
ternura *(f)* tenderness, caring 8
tibio(a) warm, temperate
tiempo: a — on time
tienda *(f)* store
tierno(a) tender, caring 8
tierra *(f)* earth, ground
tinieblas *(f pl)* darkness; ignorance,
   confusion 4
tirado(a) thrown 5
tirar to throw 5
título *(m)* title; degree
toalla *(f)* towel
tocar to play (music); to touch

todavía yet, still
tomar:
   — el pelo to pull one's leg, to joke 9
   — en cuenta to take into account
   — una decisión to make a decision 11
tonto(a) silly, foolish
topográfico(a) topographical
tormenta *(f)* storm
tornar a to begin again
toro *(m)* bull
toronja *(f)* grapefruit
trabajador(a) hardworking
trabajar to work
trabajo *(m)* work
trabar amistades to make friends
traductor(a) *(m, f)* translator
traer to bring
traición *(f)* betrayal; treason
traidor(a) *(m, f)* traitor
trama *(f)* plot 7
tramar to plot 7
transcurrir to take place
tranvía *(m)* streetcar, bus
tratamiento *(m)* treatment, dealing 6
tratar to treat; to deal with; to handle
   — con to associate with
   — de to be about; to try to 7
   —se to treat each other
   —se de to deal with, to be a question of 6
trato *(m)* deal; treatment; behavior 7
tristeza *(f)* sadness
troca *(f)* truck (regionalism)
trompada *(f)* hit, blow, punch 9
trozo *(m)* portion, piece
tumba *(f)* tomb, death
turismo: hacer — to sightsee

U

último(a) last
únicamente only
único(a) only; unique 6
unido(a) tied, united
universidad *(f)* college, university
uña *(f)* fingernail
útil useful
utilidad *(f)* usefulness

V

vaca *(f)* cow
valer to be worth
valor *(m)* value
vaso *(m)* (drinking) glass
vecino(a) *(m, f)* neighbor
veneno *(m)* venom
ventaja *(f)* advantage

verano *(m)* summer
veras: de — really
verdad *(f)* truth
verdadero(a) true, real
vergüenza: tener — to be ashamed, embarrassed
vestido(a) dressed
vestido *(m)* dress
vestidos *(m pl)* clothes
vestir *i* to dress
vez *(f)* time, occasion
   a veces sometimes
   una — once
viajar to travel

viaje *(m)* trip, voyage
vicio *(m)* vice
víctima *(f)* victim
vida *(f)* life
vidente *(m, f)* viewer
vidrio *(m)* glass
viento *(m)* wind
vigilar to watch out for
vino *(m)* wine
viveza *(f)* liveliness, animation
vivo(a) alive, awake
volar *ue* to fly
voluntad *(f)* will, willpower

volver a + *inf* to + *verb* again
   — la cabeza to turn one's head
voz *(f)* voice
   en — alta out loud
vuelo *(m)* flight
vuelta *(f)* walk, stroll; return

Y

ya already, yet
   — que since, as, now that

Z

zapatería *(f)* shoe store

171
▲